意味がわかると怖いストーリー++

ミラクルきょうふ！

編著 朔月 糸

西東社

かいせつページ

_{わかってゾクッ}

アイドルデビュー

完ペキな歌声の代償…

あなたは気づいた？

1

「お腹から声をだせますように」と、ルナは心から願った。

2

大きくて美しい声を手にいれ、パフォーマンスも最高だ！

3

ハア〜

もうすぐ撮影が始まるというのに衣装に着がえていないルナ。

　ルナがおばあさんから教わったおまじないの効果は本物だった。「お腹から声をだせますように」「大きくて美しい声で歌えますように」という彼女の願いをかなえてくれた。

　──完ペキな歌声を手にいれ、アイドルになれたルナ。しかしお腹から声がでるようになったというのは、本当に文字どおり「お腹から」声がでるようになったのだ。お腹に秘密をかかえたルナは、ヘソだし衣装は着られない…。

これでヘソだし衣装を着たら
みんなビックリしてしまうわ…

みなさん　こんにちは
朔月糸と申します
わたしたちは双子の姉妹で
『朔月糸』はふたりのペンネームです

これから紹介するのは一見ふつうのストーリー
けれどひと度そこにかくされた意味を知れば
今まで見えなかったべつの姿が見えてくる

もくじ

1 アイドルデビュー ……… 2

2 未来カメラ ……… 22

3 キラキラさん ……… 32

4 ペットの散歩 ……… 42

5 不老不死のお守り ……… 49

6 未来の消防隊員 ……… 65

7 魔法のふりかけ ……… 69

8 黒いボール ……… 73

9 奇妙な人形 ……… 77

意味がわかると怖い絵

10 怖いのはだれ？ ……… 81

11 ジグソーパズル ……… 82

12 ある日の絵日記 ……… 83

13 置かれた人形 ……… 84

14 無名画家の最期 ……… 85

15 プロポーズ ……… 86

16 ちぎれた絵 ……… 87

17 恋のアドバイス ……… 97

18 リモートパーティー ……… 105

28 探偵見習いミイナちゃん
われたガラス

29 逮捕の理由 …………
145

27 不死身の体 ………… 141

26 変身香水 ………… 137

25 かわいい声 ………… 129

24 師匠と弟子 ………… 127

23 カギの場所 ………… 126

22 髪が伸びる人形 ………… 125

21 招待状 ………… 121

20 透明人間 ………… 117

19 クレヨン ………… 113

43 オレオレ詐欺 ………… 193

42 ハイキング ………… 191

41 望遠鏡 ………… 190

40 友人との食事 ………… 189

39 奇妙な視線… ………… 185

38 時間を止めて… ………… 181

37 おそろい ………… 177

36 優しさテスト ………… 161

34 不審人物

32 ひねくれ者

30 死者のメッセージ

35 食べ放題の店

33 犯人からの暗号文

31 原因はタバコ…

44 マラソン大会 … 201

45 ピクニック … 209

46 父のアドバイス … 209

47 あらわれる… … 211

48 ラッキーコイン … 213

49 モデル体型 … 213

50 スマイル神社 … 215

51 腕ききの職人 … 217

52 箱の中身… … 217

53 妖怪ずるずる … 219

54 救出活動 … 221

55 万引き … 221

56 たくさんほしい！ … 223

57 タイムリープ … 225

58 耳鳴り … 241

59 だ〜れだ？ … 245

60 感情の色 … 249

61 ラブレター … 257

62 ホームパーティー … 258

63 ナニか感じる… … 259

64 新しいテーブル … 261

65 まっくらけ … 265

66 行方不明… … 269

意味がわかると怖いSNS(エスエヌエス) ……273

87 10年後…
85 雪にダイブ？
83 グルメな人
81 都市伝説掲示板
79 かくし撮り
77 おまじない
75 デスゲーム
73 海の思い出
71 儀式の生配信…
69 大きなカニ
67 森の中で…

88 恐怖体験…
86 質問メール
84 クマ退治
82 Wピース
80 彼女のキモチ
78 入会テスト
76 ひさびさの連絡
74 オススメ！
72 ド忘れ
70 カフェ散策
68 背がちぢむ

89 友の捜索
91 祖父の予言メモ …… 289
90 きのこ狩り
92 日本の伝統 …… 297
93 交通渋滞 …… 305
94 貧しい暮らし …… 309
95 ここにいるよ …… 313
96 霊感をすてたい …… 317
97 大きな鍋 …… 321
98 超能力ベイビー …… 330
99 かぐや姫 …… 350
おまけ意味こわ

意味こわの楽しみ方

意味こわの世界は奥が深い…。この本をより楽しむための方法を紹介します。

意味こわとは…

なにも知らずに読めば、ごくふつうのストーリー。しかしひと度ストーリーの意味を知ると、まったくちがう光景がうかぶべつのストーリーに変わる…。この変わりように、あなたはゾクッとせずにはいられないはず。

1 ストーリーを読んでみよう
絵やセリフに注意して、感覚をとぎすませて読んでみましょう。

???
?の数が多いほど難しい「意味こわ」になるよ。

2 ストーリーの意味を考えよう
「なにか変…」と思った部分があれば、それがなぜかを考えてみて。

> ルナはなぜ、この衣装を着ることができない…？

こんな文章がでてきたら、考えるタイミング！

3 解説ページで意味を知ろう
あなたが考えた意味を答えあわせするつもりで、解説を読んでみて。

その後ストーリーを読み返すと、またおもしろい…！

おまけ意味こわも楽しもう！

この本には、ストーリーの垣根をこえた『意味こわ』がかくされています。1冊とおして読み終わった後は、このおまけ意味こわにもぜひチャレンジを…。

➡ 350ページへ

写真に写らなかった人物…

あなたは気づいた?

①　その友人は3日右手を骨折し…

未来カメラで人間を撮影すると、1週間以内にケガをする部分が消える…。

②　もん君!

みなみが撮影したときゴール前にいたはずのゴールキーパーが、写真には写っていない…。

人間を撮影すると、1週間以内にケガをする部分が消えるという未来カメラ。心霊研究会の4人はサッカー部員を撮影するが、変わった写真はなく真相はわからずじまいだった。

――じつは写真には、ゴール前にいたゴールキーパーが写っていないが、みなみは堺くんに気をとられて気づいていない。キーパーは全身が消えていた、つまり1週間以内に、ケガどころではない災難が彼にふりかかる…。

この事実に気づいていたら未来は変わったのかしら?

恐怖で流したナミダ…

あなたは気づいた？

キラキラしたものが嫌いだから見たら鉈で切り落とすみたい…

1

キラキラさんはキラキラしたものを見ると鉈で切り落とす…。

2

愛羅の瞳は恐怖で流したナミダによってぬれていた…。

3

キラキラさんは愛羅のなにかを見て、鉈をふり上げた…。

　友だちから聞いた『キラキラさん』に遭遇してしまった愛羅。月の光を反射するものは鉈で切り落とされてしまうため、彼女は身につけていたキラキラするものを急いではずした。

　——キラキラしたものはすべてはずしたが、恐怖で流したナミダによってキラキラと光る瞳が、月の光を反射してしまっていた…。ふり上げられた鉈と愛羅の叫び声…。この後どうなってしまったかは、想像したくない…。

◀◀◀ ぬれた瞳に映った満月
彼女はおそらく頭ごと…

かいせつページ

わかってゾクッ

ぼくと太田のいれ変わり…

あなたは気づいた?

「え…そうではなく……いれ変わったんです……太田と」

彼は1年前までは太田ではなく、太田といれ変わったらしい。

彼が不思議な話をしている間、レオはどこかおびえていた。

おとなしかったレオがいきなり佐伯さんにむかってほえだした。

太田が話した不思議な話は、冗談でも作り話でもなかった。現在の太田の正体は以前のレオ。つまり、体がいれ変わったというのは、「飼い主の太田」と「犬のレオ」だった。

――飼い主にいじめられていたレオは、立場がいれ変わって飼い主となり、犬となった元飼い主に今までの仕返しをしている。話を聞きながらおびえていた現在のレオが、佐伯さんにほえたのは、彼女に助けを求めたのだろう。

今までいじめられていた分 飼い主になって復讐している…

⑤ 不老不死のお守り

わかってゾクッ かいせつページ

1体ずつ洋服のちがうカカシ…

あなたは気づいた？

…それならこれじゃよ

村人に不老不死のお守りについて聞いたらすぐさまもらえた。

芳佳の服…スマホも…

消えた芳佳。彼女の服やスマホを身につけたカカシがあった。

どうか…芳佳が無事でありますように…

由奈はお守りを手にしながら、夜の田んぼのあぜで祈った。

不老不死のお守りはどうやら、芳佳が考えていたようなものとはちがったようだ。年をとらない、死にもしない、人間ではないものに変わってしまうお守りだった……。

――カカシが着ていた洋服が1体ずつちがっていたのは、カカシになった人間が着ていたものだったからだろう。芳佳はすでにカカシになってしまった。そうして由奈も、お守りを手にして田んぼのあぜに立ち、祈ってしまっている…。

お守りのウワサはだれが流したのかしら…

ストーリー 6 未来の消防隊員

わかってゾクッ かいせつページ

燃えてしまった未来…

あなたは気づいた?

① 熱さもケムリも感じない…

わたし?

① 熱さもケムリも感じないことなどありえるだろうか…?

② 2階のろう下にたおれる女性に声をかけると、それは主人公自身だった…。

深夜の火事。主人公は火事に気づくのが遅れたのだろう。炎とケムリにまかれて亡くなってしまっていたのだ。
——主人公は自分が死んだことに気づいていない。燃え盛るアパートに戻ろうとする主人公をだれも止めず、熱やケムリを感じなかった理由は、彼女が霊だったからである…。

助けようとしたのは亡くなっていた自分…

68

ストーリー7 魔法のふりかけ ???

わかってゾクッ かいせつページ

ふりかけたら最後…

あなたは気づいた？

1 魔法のふりかけをかけたら、ウワサどおり、食べ物がどんどんとふえだした。

2 男性はお皿の上のケーキをなんとか食べきった…。

　食べ物が無限にふえるという魔法のふりかけ。男性はなんとかケーキを食べきって安心しているが、はたして…。
　——胃の中にはまだ消化されていないケーキがある。つまり、ケーキはなくなってはいない。これらケーキがなおふえ続ければ、やがて男性の胃袋は破裂してしまうだろう…。

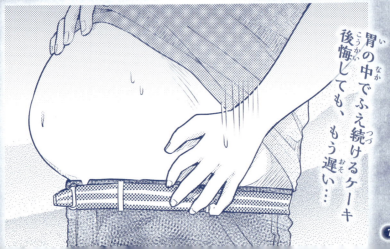

胃の中でふえ続けるケーキ　後悔しても、もう遅い…

わかってゾクッ かいせつページ

心配するキモチを利用して…

あなたは気づいた？

1 同じ場所で同じ女の子が黒いボールを持って立っている。

2 女の子を送った少女は行方不明になった？ 少女を探すポスターがある…。

広まるうちに内容が少しずつ変化していくのがウワサ。このウワサも本当は「ボールをひろってはいけない」ではなく「ボールを持つ女の子に話しかけてはいけない」だったのだろう…。
──少女はボールを持っていた女の子を心配し、話しかけたことで、黒い闇へとつれ去られてしまったのだ…。

この少女もこれから黒い闇へとつれ去られる…

76

閉じこめられた少女…

あなたは気づいた?

1 少女は不思議な人形を宝箱にしまいロックをかけた…。

2 地下室のドアを開けようとすると、なぜか開かなくなっていた…。

「人形に起きた出来事は、そのまま人間にはね返る」という不思議な人形。なにも知らない弟がさわってしまわぬよう、少女は人形を宝箱にしまって、ロックをした。
——人形を箱に閉じこめたため、主人公も同じく地下室に閉じこめられてしまった。宝箱を開けるカギは、ない…。

宝箱が開かなければ地下室からも出られない…

絵にかくされた真実…

意味がわかると怖い絵

イミガワカルトコワイエ

「意味こわ」がかくされているという絵画やパズルなどを集めてみたわ。作者がかくしたその意味を知ったときあなたはハッと息を飲み、そしてゾクっとせずには、いられないはず…。

ストーリー10 怖いのはだれ？??

少年と、少年をのぞく女の子がいるが…。　→ 解説は90ページへ

ストーリー 11 ジグソーパズル ？？

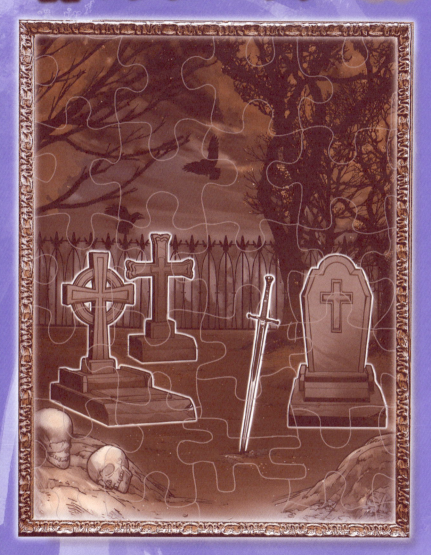

パズルの一部分に、なにか違和感をおぼえる…。 ➡ 解説は91ページへ

ストーリー 12 ある日の絵日記

10がつ12にち

あたらしいお友だちができた。みんなでシーソーにのったよ。

シーソーが下がるのは、重いほうのはずだが…。 ➡ 解説は92ページへ

ストーリー 13 置かれた人形 ???

部屋のすみに置かれた、不気味な人形…？？ ➡ 解説は93ページへ

ストーリー 14 無名画家の最期 ???

落札価格 1億円

無名画家の作品が高値で取引きされた理由は？ ➡ 解説は94ページへ

ストーリー 15 プロポーズ

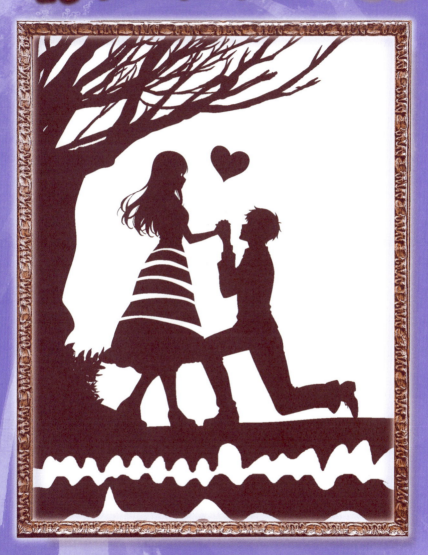

永遠の愛をちかう光景の切り絵のようだが…。 ➡ 解説は95ページへ

ストーリー16 ちぎれた絵

???

この絵には、不自然な位置にタテ線がはいっている…。　➡ 解説は96ページへ

キャンプ場で
大きなハチに
遭遇した人たちが
描かれているの
かしら…ね？

かいせつ10 少年はなにを見て笑っている？

あなたは気づいた？

❶ このテレビは電源プラグがささっていない。
❷ 少年は手にゴキブリをにぎり、食べようとしている？

廃墟探検にやってきた少女を描いたスケッチ。この少女は一見不気味に見えるが、ふつうの少女だろう。おかしいのは、電源のついていないテレビを指さしながら笑っているナゾの少年だ。手に持つゴキブリは、彼のおやつなのだろうか…？

ナゾの少年はもしかして生きた人間ではないのかも…

11 殺した相手が眠る場所…

あなたは気づいた？

❶ パズルのピースが、ここだけ人間の形をしている。
❷ 人型のピースのお腹あたりに、深々と剣が突き刺さる。

これはただのパズルではないようだ。よく見ると1か所だけパズルのピースが人間の形をしており、そしてその人型のピースには、剣が突き刺さっている。これはおそらく、この絵の作者が死体を埋めた場所を記す絵なのだろう…。

死体を埋めた場所に突き刺した剣
強い恨みを感じるわ…

かいせつ 12 重さがない子どもたち…

あなたは気づいた？

❶ シーソーの3人の子どもたちが乗る側が上がっている。
ふつうは3人対1人で、3人のほうが上がったりはしない。

10がつ12にち
あたらしいお友だちができた。みんなでシーソーにのったよ。

子どもが書いた絵日記のようだが、絵にはおかしな点がある。1人の女の子と3人の子どもがそれぞれシーソーに乗っていて、なぜか3人のほうが軽々と持ち上がっている。きっと、新しくできた友だちとは霊なのだろう…。霊だから、体重がない…。

遊んでいたら霊がまざってくること…あるわよね…

13 天じょうに張りつく人形…

あなたは気づいた?

1. 床からういた位置にあるドアなど存在しない。
2. 人形が流す血のナミダが、おでこにむかって流れる。
3. 人形の髪の毛が天じょうにむかってうき上がっている。

　これは『床に置かれた不気味な人形』の絵ではなかった。床からういたドア、おでこにむかって流れる血のナミダ、人形の髪のうき上がりから考えて、この絵は上下逆さまにかざられていたのだ。ということは、この人形は天じょうに張りついてい…る…。

呪われた人形は天じょうから住人を見つめているのね

かいせつ 14 幽霊になってから描いた絵…

あなたは気づいた?

1. 目の前の人間にむけて、ふりかざしているほうちょう。
2. 女性におそわれている人物は、絵筆を持っている。
3. 無名画家の作品に、1億円もの価格がついた。

落札価格 1億円

画家が描いたのは、自分が殺される直前の絵だ。しかし、今から殺される人間にそんな余裕などないだろう。つまりこれは殺された画家が、幽霊になってから描いた絵なのだ。だからこそ無名にもかかわらず、1億円もの高値がついたのだった。

自分を殺した憎き相手を絵で残したかったのね…

解説15 彼女の本当の想いは…

あなたは気づいた?

❶ 女性の足元には、大きなドクロがかくれていた。
❷ 木の枝には、ガイコツの手がかくれていた。

木の下でのプロポーズを描いた美しい切り絵。しかし、不吉なメッセージがかくされていた。この作者は大きなドクロやガイコツの手など、不幸を連想させるものを絵にかくし、男性にこの女性との結婚をやめるように伝えているのだ。

男性のお金が目当ての女性…
それを作者は知っているのね

16 キャンプ場での大惨事…

あなたは気づいた?
1. 不自然にはいったタテ線の左右で、人物や背景がズレている。
2. 絵の両はしがちぎられているが、つなげられそうだ。
   → タテ線で絵をはなし、ちぎれた部分をつなげると…。

この絵はちぎられ、左右反対につなげられていた。絵に不自然にはいったタテ線は元々は絵の両はしであり、絵を正しく並べ変えると、斧を持つ男性がほかの男性におそいかかっている光景があらわれる。無表情で斧をふるおうとする姿が恐ろしい…。

ハチにおどろいたんじゃなく
おそわれかけていたのね…

17 恋のアドバイス

わかってゾクッ かいせつページ

恋愛ゲームの登場人物…

梓の前にあらわれたアモルは恋のサポートをしてくれた。

どこからか聞こえてきた、だれかの「がんばって！」の声…。

ナゾの声がまた聞こえた後、梓のまわりの景色が乱れた…。

梓・翔平・アモルは恋愛ゲームの登場人物だったのだ。どこからか聞こえてきた「がんばって！」の声は、ゲームのプレイヤーの声であり、梓がだれかに背中を押されたように感じたのは、プレイヤーが梓の行動を決めていたからだった。

——告白に成功してこれからというときに、プレイヤーはゲームにあきて、ゲームをやめようとしている…。

梓が翔平とデートする日は永遠にやってこない…

わかってゾクッ かいせつページ

連携プレーで沙帆を助ける！

あなたは気づいた？

1 開始早々、リモートパーティーをぬけてしまった莉唯。

2 詩穂は沙帆の家に、宅配ピザ10人前を頼んだらしい。

3 パーティーをぬけた莉唯が、なぜか急いで家にやってきた。

リモートパジャマパーティーでの様子がおかしい友人たち。沙帆はみんなの態度に、自分が嫌われているのかと考えた。

――しかし、それはちがっていた。3人はカメラ越しに、沙帆の部屋にナイフを持った男がいることに気づいた。そこでスマホで連絡を取りあい、沙帆を自然に家から逃す方法を練っていたのだ。パーティーをぬけて玄関に迎えにきた莉唯。みんなの友情の連携プレーによって、沙帆は無事に助けられた…。

沙帆を自然に自宅から逃す
友情ってすばらしいわね…

ストーリー
19 クレヨン

？

も〜！
碧くん
またこんな
ちらかして〜

ピーポー♪

ピーポー♪

あっ

カベに描くのは
ダメだよって
言ったよね！

ママ1日中
片づけしてるよ〜

ぼくじゃない！

1 収納棚とカベの間にクレヨンを見つけた母親は、重い収納棚を動かした。

2 収納棚を動かすと、そこには赤いクレヨンのラクガキ。

クレヨンがないとさわぐ碧。クレヨンはカベと棚の間にあったため母親が棚を動かした。するとあらわれたラクガキ。
――母親は碧をしかったが大人の力でないと動かないような棚の後ろに、小さい子どもがラクガキできるわけがない。得体のしれないナニカが、碧のマネをした…？

ラクガキって楽しいな…どんどん描いちゃえ～

20 透明人間

わかってゾクッ かいせつページ

イタズラができなくなった少年

あなたは気づいた？

1 少年は透明人間になる妄想に夢中で赤信号の横断歩道を渡ってしまっている。

2 だれからも見えないのに、イタズラはできないようだ…。

主人公の願いはかなって、だれからも見えない存在となったが、なぜかイタズラはできずに落ちこんでいる…。
——主人公が見えなくなったのは体が透明になったのではなく、交通事故にあって命を落とし、幽霊になってしまったから。そのため人にも物にもさわれず、お腹もすかなくなったのだ。

主人公の願いは悲しい形でかなうことに…

わかってゾクッ かいせつページ

パーティーのスタート時間…

あなたは気づいた？

麗しの鳳来蘭華さま

今宵、美しいあなたと… ダンスパーティーへとこ… 21時40分にあなた方が船… お待ちしております。

お嬢さま 次の港に到着するのは 明日の朝7時でございます

① 手紙の差し出し人は、蘭華たちが21時40分に船から降りるのを待つという。

② 蘭華たちの船が次の港に到着するのは、明日の朝7時だ。

蘭華に招待状を送ったのは、沈没船で眠る霊。船から降りるとは、船がその時間に沈むという意味だったのだ。
——船は幽霊たちが眠る海の上に21時40分に到着する。そして船は沈み、蘭華たちは海に投げだされてしまう。つまり、彼女も霊になって、ダンスパーティーに参加するのだ…。

美しい蘭華は沈没船に眠る王子に好かれてしまった…

ストーリー22 髪が伸びる人形？

髪が伸びる呪いの人形を手にいれました

これから呪いの検証を始めます

あれからずっと撮影を続けています

3日目…人形に変化はないようです

1週間で髪がだいぶ伸びるらしいですが

5日目…まだ変化は見られません

今日で1週間 髪はまったく伸びていません

検証結果…呪いはウソでした

人形の髪は伸びていないが…。　➡ 解説は128ページへ

ストーリー24 師匠と弟子 ???

年のせいか手先の感覚がにぶってきた

わたしはもう作品を生みだせなくなった すべての作品をこわして死ぬことに決めたよ

手紙を読みました！ ハァ… ハァ… どうか師匠早まらないでください!!

わが弟子よ…来てくれたのか 行く手間がはぶけたよ

行く手間がはぶけた、とはどういう意味だろう？ 解説は128ページへ

22 髪は確かに伸びていた…

呪いで髪が伸びるのは、人形ではなく持ち主となる人間のほうだった。人間の髪は1か月に約1cm伸びる速さがふつうなので、主人公はかなり速いスピードで髪が伸びている。
——この呪いが永遠に続くものであれば、主人公は毎週、髪を切らなければならない。地味だがめんどうな呪いだ…。

彼自身は呪いに気づいていないようだ

23 カギは侵入者が持ちこんだ…

少女は朝カギをかけて出たはずなのに、なぜ、カギは家の中にあるのか？ おそらく朝急いでいた少女は、家の目の前あたりでカギを落とし、それをひろっただれかが家に侵入したのだ。
——現在、カギがかかっているのは、おそらくその侵入者が、まだ家の中にいるから…。

とにかく早く、家からはなれないと…

24 弟子も師匠にこわされる…?

思うように作品を作れない状況は、たえがたいことなのだろう。彼はすべての作品をこわし、命を断つ決意をしたようだ。
——弟子を見て「行く手間がはぶけた」と話していることから、この陶芸家にとっては弟子も作品のひとつなのだろう。いったい、どうやって弟子をこわすのだろうか…。

どうか作品をこわさないでほしい…

25 かわいい声

貯金？

ふ〜ん……
買いたいものでも
あるわけ？

………整形を

…考えて
いまして…

全身整形でも
するつもり？

アハハハハ

整形も必要
だけどさ〜

その前に暗い性格
なんとかしたら？

はい…

せめて人前では
少しは明るく話す
とか努力しなよ…

常田さんが
白川アリスを
演じる姿を
勉強します…

わかってゾクッ かいせつページ

25 かわいい声

バーチャル配信者がゆえに…

あなたは気づいた？

1 烏水さんは白川アリスを演じる常田さんを見て学んでいる。

2 休暇をとっていた烏水さんは、声の整形をしてきたようだ。

3 烏水さんが手にかくし持つのは、いったいなんだろう…。

　人気バーチャル配信キャラ『白川アリス』を演じる常田さんと、常田さんにやとわれて家事をする烏水さん。烏水さんが声を整形した理由はひとつ、常田さんとそっくりな声にするためだろう。顔を見せないバーチャル配信では、声さえ同じならば、中の人が変わっても視聴者には気づかれない。

　——烏水さんは『白川アリス』をのっとるつもりなのだ。手にかくし持った薬を使って……。

◀◀◀ **烏水さんは声さえ変われば人生が変わると言っていた**

石黒くんも不思議な香水を使っていた。ということは…？

わかってゾクッ かいせつページ

石黒くんも変身香水の使用者…

あなたは気づいた？

① 有紗は街で怪しいおばあさんからもらった変身香水を使って、告白した。

② 石黒くんも有紗と同じ変身香水を使っているという…。

有紗は変身香水を使って、あこがれの石黒くんに告白をした。告白は成功するが、彼も変身香水を使っているという…。
――この人と決めた相手にだけ、世界一美しく見えるようになる効果。石黒くんの「決めた相手」は有紗で、彼は彼女にだけ、世界一のイケメンに見えているのかもしれない…。

わかってゾクッ かいせつページ

電車にひかれても死なない…

あなたは気づいた？

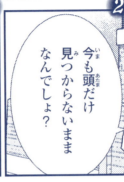

① 駅のホームで線路に転落した主人公は、電車にひかれてしまった…。

② 不死身の彼女は、たとえ頭だけになっても死なない…。

「痛い思いをしませんように」という願いがかない、ぶつかっても転んでも痛みを感じない不死身の体となった主人公。
——ある日、彼女は駅のホームでぶつかってきた高校生に押しだされて線路に転落し、電車にひかれてしまった。不死身の彼女は頭だけとなっても、きっとどこかで生きている…。

頭だけとなった彼女はどこにいるのだろうか？
わたしにぶつかった高校生…
ゆるさ…ない

事件にひそむ意味こわをあばけ…
探偵見習いミイナちゃん

世の中に起こるさまざまな事件のウラには、必ず犯人の悪意や思惑が存在する。これは「意味こわ」とそっくりではないだろうか？　このコーナーでは、少し変わった意味こわを楽しんでみてほしい…。

登場人物

探偵にあこがれる女の子、ミイナ。同級生のアキラの父が探偵のため、頼みこんで見習いにさせてもらう。アキラの父が過去に解き明かした難事件にチャレンジして腕をみがきつつ、いつか本物の探偵になる日を夢見ている。

アキラ　　アキラの父

ミイナ

ストーリー 28 われたガラス

おれが撮った現場の写真と聞いた証言から、ガラスをわった犯人がいったいだれなのかを推理してくれよな。

現場の写真

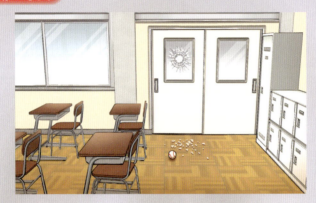

5人の証言

城戸
ろう下にいたのはぼくだけで、教室から出てきた人物もいない。犯人は教室にいた人間ってことさ。

宇佐美

教室の真ん中辺りの席で、田中さんとおしゃべりしてたよ。ガラスがわれた瞬間は、見ていなかったな〜。

田中

わたしは宇佐美さんと話していたからやってないからね。犯人は教室を走り回っていた大久保くんじゃない？

大久保

ぼくは消しゴムを投げて遊んでたけど、ガラスはわってないぞ。それに野球ボールなんて持ってないしね。

松本

さっきは黒板にラクガキをしていたわ。大きな音がしたとき、ドアにいちばん近かったのは田中さんたちよ。

ガラスの破片は、教室の中に落ちている…。 ➡ 解説は157ページへ

ストーリー 29 逮捕の理由

近所のレストランの店長が頭をなぐられ殺された。警察が通報者である池田さんを逮捕した理由を推理しよう。

スタッフの証言

ホールスタッフの坂部です。自宅は自転車で15分の距離です。今日は雨が降ってきたので、30分前に家を出て歩いていきました。8時に店にはいると、池田さんが電話中でした。店長が頭から血を流してたおれていたのでビックリしました。

キッチンスタッフの池田です。自宅は店から車で15分の距離です。今日は7時50分に店に着きました。車を停めてから店にはいってキッチンへ行くと、店長が頭から血を流してたおれていました。それですぐに、110番通報をしたんです。

店舗外観の写真

池田さんの車

坂部さんが家を出たときには、雨が降っていた…。 ➡ 解説は157ページへ

ストーリー30 死者のメッセージ

これはわたしが捜査協力をした殺人事件の情報だ。
3人の容疑者のうち、だれが犯人かを推理しよう。

死体の手元の写真

事件の情報メモ

容疑者は3人！

・栗田さん
被害者が殺される2時間前に、被害者は彼にむけて電話をしている。彼は被害者に多額のお金を借りていたようだ。

・大野さん
被害者の古くからの友人。1週間前に被害者の家に来たときに、言い争いをしていた様子を家ぞくが見ている。

・青沼さん
被害者の隣に住む老人。ゴミの出し方や騒音のことで、被害者の家ぞくにしょっちゅう苦情を言っていた。

これはダイイングメッセージね。死亡した人物が死のまぎわに犯人がだれかを示すために残すものらしいわ。

じゃあこれも、犯人の名前「あおぬま」を示しているってことか？でもなんだか文字がおかしいような…。最後の力をふりしぼって書いたからなのか…？

被害者の人差し指の位置が不自然…？　➡ 解説は158ページへ

ストーリー 31 原因はタバコ…

？？

知り合いが亡くなってしまった男性ふたりの話だ。
この会話のおかしな点を考えてみてほしい。

男性の会話

男性1「なぁ、津田さんが亡くなったって聞いたか？」
男性2「え、それは知らなかった。いつ、亡くなったんだ？」
男性1「先月末だそうだ。タバコが原因で死んじゃったらしいな。
　　　おれたちもタバコを吸うから、気をつけないとな…」
男性2「津田さんの奥さんは大丈夫か？　ケガとかしてないか？」
男性1「火事の前に買い物に行っていたみたいで、大丈夫だった
　　　そうだ。でもまさか、タバコの火で火事になるなんてな」

タバコが原因というと、ふつう病気を想像するが…。　➡ 解説は158ページへ

ストーリー 32 ひねくれ者

？？？

ろう下にかざられた絵にラクガキをした人物がいる。
今野くんの話から、だれが犯人なのかを考えてみてね。

今野辰也くんの話

　ぼくは、ある男子がろう下の絵にラクガキをしているところを見たけれど、面倒なことはいやだからだまっていた。でも先生たちが犯人を探しているから、ヒントだけ教えてあげることにした。
先生「ラクガキをした子を見たのよね？　中田猿次郎くん、犬飼武くん、蛇川和樹くん、菊池羊介くんのなかにいる？」
今野「はい。このなかにいます。ラクガキをした犯人は、ぼくよりも6番目に足が遅い子ですよ」

今野くんと4人の名前には共通点がある…。　➡ 解説は159ページへ

153

ストーリー 33 犯人からの暗号文

テロリストがネット上に、爆弾をしかけた場所を示す暗号文を投稿した。爆弾の場所をつきとめよう。

暗号文

われわれは、爆弾をしかけた。
少しだけ、ヒントをやろう。
どこを襲うかは、破裂した
文字を順番に読めばわかる。
爆弾のばしょは、そこの
どこかだ。こううんをいのる。

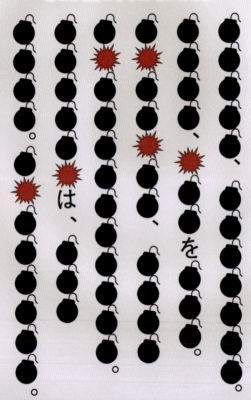

上の文章と、下の暗号文は一致している…？　➡ 解説は159ページへ

ストーリー 34 不審人物

近所の家の前で、不審人物を見かけたという女性の話。
彼女がまだ気づいていない、真相を考えてみてほしい。

女性（木田さん）の話

　わたしは近所にあるアパートの一室の前で、サングラスとマスクをした怪しげな人を、何回か見かけていました。その人物は部屋の前をウロウロしながら、部屋の中をのぞこうとしていたんです。
　わたしはその部屋の住人が心配になり、ある日思いきって、そのアパートの部屋を訪ね、住人に忠告してみることにしました。

「ピンポーン　ピンポーン」「はい…。どちらさまですか？」
「いきなり、すみません。あなたの部屋の前をうろつくサングラスの怪しい人物を数回見かけていたもので…。ご存知でしたか？」
「怖いわ…。もっとお話を聞きたいので、家に上がってください」

　わたしは予定があったので、家には上がらず帰宅しました。
　それから数日後、その家で女性が殺されたことをニュースで知りました。しかも、わたしが家を訪ねたあの日に事件は起こっていたようです。ひとつ不思議だったのは、ニュースで流れた被害者の水川莉里さんの顔は、わたしがまったく知らない顔だったことです。

木田さんが被害者の顔を知らなかった理由は…？　➡ 解説は160ページへ

ストーリー 35 食べ放題の店

とある空き巣グループが逮捕され犯行手口がわかった。
店内の様子と男性の話から、手口を推理してみよう。

店のポスター

ご近所さん応えんサービス！
全メニュー食べ放題
120分 1000円

- 店から徒歩10分以内にお住まいなら
  120分・1000円にて食べ放題！
- ひとり暮らし、家ぞく全員で来店なら
  お好きな飲み物1ぱいサービス！

店内での様子

男性の話

　家の近所に中華料理店がオープンしたんです。破格のサービスが大人気らしく、さっそくその中華料理店へ行ってみたんです。
「あの〜店まで歩いて5分の場所に住んでいるんですが、たった1000円で120分の食べ放題ができるんですか？」
「はい。では、ご自宅の住所がわかるものを見せてください」
「お客さまはひとり暮らしですか？」「あ、はい」
「では、お好きな飲み物1ぱいもサービスさせていただきます」
　ぼくは店員さんに免許証を見せ、120分間たくさんの料理を食べました。料理の種類も多く、味もとてもおいしく大満足でした。
　このお店とは関係ない話ですが、家に帰ると家の中が荒らされていました。どうやら、空き巣にはいられてしまったようです。

お客は近所に住んでいることを証明している…。　➡ 解説は160ページへ

かいせつ 28 犯人はウソでアキラを混乱させた…

あなたは気づいた？
- ろう下にいたのは城戸くんだけだった。
- ガラスがわれた瞬間はだれも見ていない。
- ボールとガラスの破片は、教室側に落ちている。

教室側に落ちた野球ボールとガラスの破片から、ボールはろう下側から投げこまれたことがわかる。
——犯人はろう下にいた城戸くん。彼は自分のイタズラをごまかすために「犯人は教室にいた人間」などと話し、アキラが推理をまちがえるように誘導した。

ひとりで事件解決ができず、くやしいな…。
証言のウソを見破れるようにならないと。

かいせつ 29 雨降りなのに、ぬれていない場所…

あなたは気づいた？
- 雨は7時30分より前から降り始めた。
- 池田さんは7時50分に店に着き、車を停めた。
- 池田さんの車の下は、雨にぬれていない。

坂部さんが店にむかった7時30分より前から雨が降っていたのに、7時50分に店に着いたと話す池田さんの車の下はぬれていない。彼は雨が降りだす前から店にいたのだ。
——警察は証言のウソから池田さんを逮捕した。通報者だから怪しくないとは限らないのだ。

池田さんはかなり早めにお店に来たのね。
計画的な犯行だったのかしら…？

かいせつ 30 書き変えられたダイイングメッセージ

あなたは気づいた?
- 容疑者は栗田、大野、青沼の3人。
- ダイイングメッセージは「あおぬま」と読める。
- 「あ」と「ぬ」の文字がおかしい。

被害者が最初から「あおぬま」と書いていたのであれば、人差し指は「ま」の最後にくる。そして「ぬ」の不自然な位置から線が伸びることもない。これは、犯人が上から線を書きたしたという証拠である。
——犯人は大野さん。自分の名前「おおの」と書かれたダイイングメッセージを「あおぬま」へと書き変えたのだ。

かいせつ 31 男性2は、死因が火事だと知っていた?

あなたは気づいた?
- 男性2は津田さんの死亡を知らなかったと答えた。
- タバコが死因と聞くと、ふつうは病気だと考える。
- 男性2は奥さんのケガについて聞いている。

タバコが原因で亡くなったと聞いて、まっさきに想像するのは病気だろう。それなのになぜ、男性2は病気の可能性を考えず、奥さんが無事だったかどうかを聞いたのか。
——男性2は死因が火事だと知っていたのだ。津田さんの家に火をつけた犯人なのかもしれない。

家を燃やし多くの命をうばうかもしれない
放火は、絶対にあってはならない…。

解説32 十二支のはじまり…

あなたは気づいた？
- 犯人は、今野くんより6番目に足が遅い？
- 5人の名前には、動物をあらわす漢字がある。
- 辰、猿（申）、犬（戌）、蛇（巳）、羊（未）。

　ぐうぜんにも今野くんと4人の名前には、十二支に関係のある動物の漢字がはいっていた。そして十二支の順番は、一月一日に神さまのもとに到着した順番だという伝説がある。
　——今野辰也くんの「辰」から六つ後にくる干支は戌（犬）。犯人は犬飼武くんとなる。

　今野くんはおもしろい共通点に気づいたな。先生はこのヒントで犯人がわかったのかな？

解説33 爆弾と破裂の絵が並ぶ暗号文…

あなたは気づいた？
- 暗号文には、絵以外に文字や「、」「。」もある。
- 破裂した文字は、爆弾の場所を示すらしい。
- 上の文章と下の暗号文は文字数が一致している。

　暗号文は爆弾と破裂の絵ばかりで、なにもわからないようだが、ところどころに文字や句読点もある。そして、上の文章を一文字ずつ暗号文にあてはめていくと、完全に一致する。
　——破裂した絵の部分の文字を順番に読むと「ヒ、こ、う、字、ょ、う（飛行場）」となる。

　暗号文を投稿するなんて、テロリストは犯行を楽しんでいるにちがいないわね…。

かいせつ 34 訪ねた家から出てきた女性は…

あなたは気づいた?
- 不審人物はサングラスとマスクをしていた。
- 部屋を訪ねた際、家に上がるように言われた。
- ニュースで見た被害者は初めて見た顔だった。

　木田さんは不審人物がうろついていた部屋を訪ね、その住人女性と会っていたはずなのに、なぜ、ニュースで見た被害者の女性の顔に、見おぼえがなかったのだろう。
　——部屋から出てきた人物こそ見かけていた不審人物であり、その家で女性を殺した犯人だった。

　　木田さんは家に上がらなくてよかったわ。
　　上がっていたら、今ごろきっと…。

かいせつ 35 お得すぎるサービスにはワケがある…

あなたは気づいた?
- 近所に住む人は、120分1000円で食べ放題。
- ひとり暮らしの人や家ぞく全員での来店を歓迎。
- 店員は免許証を見て、住所を確認している。

　サービスは、空き巣にはいる家の住所を得るためのもの。
　——徒歩10分以内というのは、情報を得てすぐに空き巣にはいるためだ。お客は食べ放題の120分は店にいるので、悠々と犯行に及ぶことができる。ひとり暮らしの人や家ぞく全員での来店を歓迎する理由も納得だ。

　　うまいこと考えられた手口だけど…。
　　空き巣を働くグループはゆるせないな。

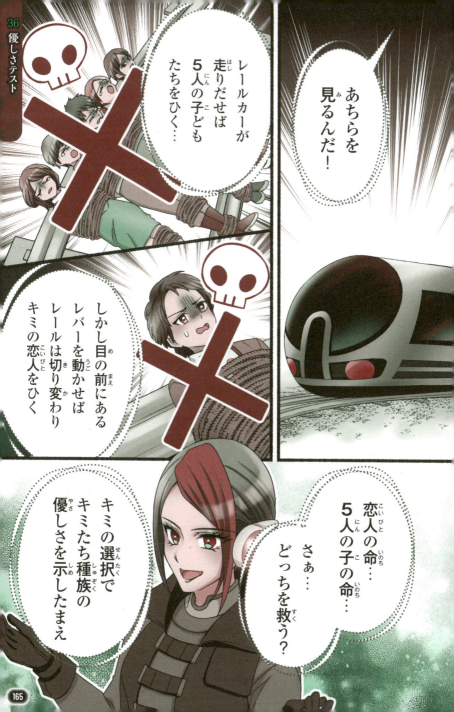

心の優しさをテストする目的…

あなたは気づいた？

1 レイラはどちらも選ばず、自ら飛びこみレールカーを止めた。

2 心の優しさを判断するテストは、見事に合格したようだ。

3 レイラたち種族は宇宙船に乗せられどこかの星に行くようだ。

自分を犠牲にしてほしいと言ったジュン、自らレールに飛びこんでレールカーを止めたレイラ。彼女のおかげで、種族ごと全滅させられるという最悪の事態を避けることができた。

――しかし、この宇宙人たちは、いったいなんの目的で心優しく平和な種族を探し回っていたのだろう。そして、レイラたち種族を大量に星へとつれていく理由はなんだろう。全滅させられずによかった、という話でもなさそうだ…。

自分勝手で冷酷な種族はどこの星の住人かしら…？

わかってゾクッ かいせつページ

カレシのおそろはムリだから…

あなたは気づいた?

❶ アンリはナナのカレの蓮くんと会って話をしている…。

❷ ナミダを流すナナをはげますアンリ。ナナになにがあったのだろうか…。

アンリとナナはなんでもおそろいにしていたが、ナナに彼ができたため、すべておそろいではなくなってしまった。
——彼を作るのはムリだと考えたアンリ。今までどおり、彼がいない状態をおそろいにしようした。そこで蓮にナナを嫌うようなウソ話をし、蓮がナナをふるようにしむけたのだった。

ぜんぶおそろいに戻すべく悪いウソをふきこむアンリ

ナナは蓮くん以外にもカレがいるんだよ…わたしが話したことはヒミツにしてね…

わかってゾクッ かいせつページ

時間を止めるのはあなただった…

あなたは気づいた？

① ここで止めて!!

② ……あなたはけっきょく止めてくれなかったここまで読んでしまった……

① 少女は時間を止めてもらうよう、何度も心から願った。

② このセリフは神さまではなく、読者のあなたにむけて話しているようだ。

階だんから足をすべらせた少女。階だんから転げ落ちていく間、「時間を止めて、助けて」と心から願い続けた。
——「時間を止める」とは「読者のあなたがストーリーを読み進めるのを止める」という意味だった。あなたがとちゅうで止めていれば、彼女が命を落とすことはなかった…。

彼女は、いったいどんな復讐をするというのか…

あなたのせいで命を落とした…

すぐに復讐するからおぼえておいて……

39 奇妙な視線…

西東線の とある駅の ホームに立つと 奇妙な視線を 感じるんだって

どこからかジーッと見つめられる視線
しかも奇妙な視線を感じるのは一部の人だけ…

西東学園の女子
胸より長い髪
そして高身長——

ホーム下から萌香を見つめる頭

あなたは気づいた?

1 萌香はまちがえて「大塚谷」駅で降りてしまった…。

2 奇妙な視線を感じた萌香。カンチガイではなく、確かに彼女を見ている…。

　駅のホームで感じた奇妙な視線は、髪の毛に葉っぱがついていたからだと安心した萌香。はたして本当にそうだろうか。
　──萌香が降りた大塚谷駅は、27話の不死身になった少女が転落した駅。頭だけとなった彼女が向かいのホーム下から、自分にぶつかった高校生を探し続けているのだろう…。

ストーリー 40 友人との食事

あれ…、友人とはどこで別れたのだろう…？　→ 解説は192ページへ

ストーリー 42 ハイキング

？？？

11月9日
今日は森の奥まで足を運ぶ。

11月11日
今日は沼まで足を運ぶ。

11月15日
次はどこにしようか。
人がいない場所を探そう。

川がいいか、谷がいいか。
わたしは頭をかかえた。

女性は人がいない場所が、好きなのだろうか？ ▶解説は192ページへ

かいせつ 40 友人はどこへ消えた…?

食事にはふたりで出かけたはずだが、路地裏から出てきたのはひとりだった。そしてその**男性は異常なほどにお腹をパンパンにふくらませている。それはもしかして…?**

——**お腹の中身はいっしょにいた友人かもしれない。**とがった耳にとがった犬歯…。この男性は人間ではないのかも…。

まさか、人間の姿にばけたナニカ?

かいせつ 41 なぜ、こっちが見えるのか…

たとえ、どんなに高性能な望遠鏡で地上にいる人間が大きく見えたとしても、その反対に地上にいる人間から望遠鏡をのぞく少女が見えるなんてことはありえない。

——**自分たちを見ていることがわかり、少女に対して手をふったということは、きっとこの女性は生きた人間ではない。**

街には案外、霊がまぎれている…

かいせつ 42 死体処理の記録…

一見すると、人があまりこない自然の中に出かけるのが好きな女性の日記に見える。しかし、実際にはちがったようだ。

——**11月9日には片方の足、11月11日にはもう片方の足、そして最後は頭をかかえて運んだということ。**これはバラバラにした死体を、人がこない自然の中に埋めている記録なのだ…。

頭は川と谷のどちらにすてたんだろう…

銀行強盗犯が身につけていたものが、箱の中に…。

わかってゾクッ かいせつページ

銀行強盗犯にだまされた…

おばあさんは康平のために100万円を準備しておいてくれた。

おばあさんからもらった100万円にはなぜか血がついていた。

食料品がはいっているはずの箱から、拳銃やサングラスが…。

　康平と名乗る男性がオレオレ詐欺でだましたと思っていたおばあさんはぐうぜんにも銀行強盗の犯人。彼はうまくだませたと思っていたが、じつは、反対にだまされていたのだ。

――おばあさんからもらった100万円は、犯行時に血がついた札束。そして食料品だと言われ、サングラスや拳銃といった銀行強盗の証拠品まで持たされてしまっていた。男性はまんまと銀行強盗犯に仕立てあげられてしまった…。

◀◀◀ 銀行強盗犯のおばあさんが彼より何枚も上手だったわ…

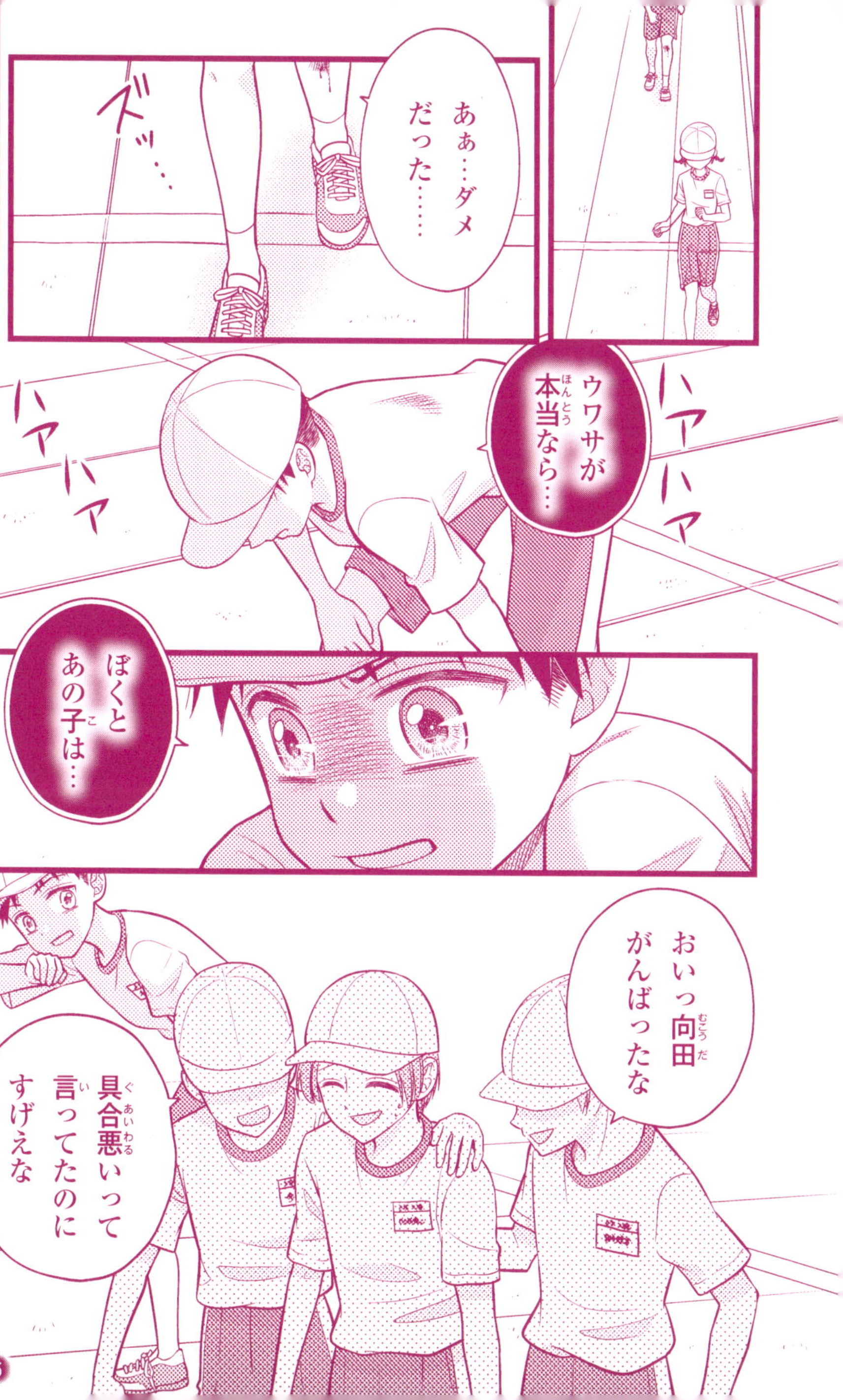

44 マラソン大会

あぁ…ダメだった……

ズッ…

ハァハァ

ウワサが本当なら…

ぼくとあの子は…

おいっ向田
がんばったな

具合悪いって言ってたのにすげえな

ほほえむ少女、心ぞうに痛みを感じる少年…。

かいせつページ

向田くんは幽霊じゃなかった…

向田くんは力をふりしぼり、少女を追いぬいてゴールした。

幽霊だと思っていた向田くんは、具合が悪いだけだった。

少女がほほえむと、主人公の心ぞうに激痛が走った。

　心ぞうに激痛が走った主人公。マラソン大会のおかしなウワサは本当だったようだ。向田くんは体調が悪く道路わきで休んでいたため、急にあらわれたように見えただけだった。

　──主人公は向田くんを幽霊だとカンチガイし、同じくいきなりあらわれた少女を助けて走ったが、この少女こそ幽霊だったのだ。彼は幽霊よりも先にゴールできなかったが、本当に心ぞうをうばわれてしまうのだろうか…。

幽霊と知らずに助けた少年
優しさが仇となった…

ストーリー
45 ピクニック ??

　ぼくはなんとなくどんよりした気分を変えるために、いつもとは違う道を通って、塾から帰ることにした。
　公園を横切ったとき、芝生にレジャーシートを広げて、楽しそうにサンドイッチを食べる親子3人を見つけた。
　あまりにも楽しそうにしていたので、ぼくは立ち止まって見入ってしまった。すると3人がぼくをじっと見つめ返してきた。
　ぼくはハッとわれに返り、その場から走って家まで帰った。
「裕翔おかえり～。あら～ズボンの裾が泥だらけじゃない」
「うん…。走ってきたからかな。いや、歩いて帰っても同じだったな。塾から帰るとき、どしゃぶりがひどくなってたから…」

塾からの帰り道は、どしゃぶりだった…。 ➡ 解説は次のページへ

ストーリー
46 父のアドバイス ??

　大金持ちの男性が、自宅の階だんから落ちて亡くなった。
　彼には3人の息子がいたが、甘やかされて育ったせいか、3人とも仕事をせず、彼のお金で自由気ままに暮らしていた。
「このままじゃ、おまえらのためにならない。3人とも家から出て行くんだ。これからはお金の援助もしない。困ったことがあれば、3人で助けあうんだ。問題はきっと解決するから！」
　彼は息子たちに1か月以内に家を出ていくよう伝えていた。
　――警察の事情聴取に対し、息子たちは同じ言葉を口にした。
「父のアドバイスのおかげで、困った状況もうまく乗りこえることができた。本当に感謝している」

息子たちはアドバイスどおり、助けあった…？ ➡ 解説は次のページへ

209

解説 45　どしゃぶりのピクニック？

あなたは気づいた？
- 公園の芝生で、サンドイッチを食べる親子3人。
- 裕翔は立ち止まって親子3人に見入ってしまった。

　歩いていてズボンの裾がぬれるほどのどしゃぶりにもかかわらず、芝生にレジャーシートを広げ、楽しそうにサンドイッチを食べていた親子3人。そんなピクニックはふつうありえない。
　――裕翔はその光景に恐怖を感じ、立ち止まって見入ってしまっていたのだ。親子3人は生きた人間ではないのだろう…。

この親子にとってピクニックは意味がある行事なのかもしれない

解説 46　3人で助けあう…

あなたは気づいた？
- 父親は息子たちに1か月以内に家を出るよう伝えた。
- 息子たちは困った状況をうまく乗りこえたらしい。

　父親のお金で自由気ままに暮らしていた3人の息子。家を出て援助が受けられないことはおそらく困った状況だろう。
　――父親を殺したのは3人の息子。父親のアドバイスどおり、3人で助けあって、父親を階だんからつき落としたのだ。父親の遺産を手にいれ、自由気ままに暮らしていくために…。

息子たもの自立を願う父親の想いは届かなかった…

ストーリー 47 あらわれる…

???

　高校生のあかりと母親は、ふたりで引っこすことになった。
「リサイクルショップに、いいベッドがあってよかったね！」
　あかりは母親を気づかって、わざと明るくふるまっていた。
（このベッド激安だったけど、ところどころ赤黒いシミがあって、本当はちょっといやなんだけど…）

　引っこし作業で疲れたあかりは、夕食後すぐ寝てしまった。
　ところが、真夜中にパッと目を覚ました。なにかおかしい。
　ベッドの足元を見ると、うつむいて立つ体の透けた女性がいた！
（か…体が動かない。お、おばけ!? た…助けて…ママ……）
　気づけば朝になっていたが、怖くてしかたなかった。
「ねぇママ。この部屋、幽霊がでる部屋みたい…」
　あかりは、母親におそるおそる昨夜の話をした。
「幽霊がでる部屋に、あかりを住まわせるわけにはいかないね。
よし、ママの部屋とあかりの部屋を交かんしよう！」

　引っこしが終わったばかりだったが、また半日がかりで部屋を交かんした。あかりはその晩、すっかり安心して眠りについた。
　しかしまた、女性の霊があらわれたのだ。困ってしまったあかりは霊感のある友人に、部屋を見てもらうことにした。
「部屋じゃない……ベッドだよ。ベッドに地縛霊が憑いている…」
「ベッドに地縛霊？　あのさ、除霊とかってできたりするの？」
　友人は除霊の儀式を行ってくれた。除霊はうまくいったようで、その日の晩から、女性の霊があらわれることはなくなった。
　あかりは友人にお礼の電話をし、ベッドに霊が憑いていた理由を教えてもらった。そして、聞かなきゃよかったと後悔した…。

　地縛霊とは死んだ場所からはなれられない霊…。　➡ 解説は次のページへ

かいせつ47 女性の霊はベッドで亡くなった…

あなたは気づいた?

- ベッドにところどころついていた赤黒いシミ。
- 女性の霊は、部屋ではなくベッドに憑いた地縛霊だった。
- 除霊は成功し、女性の霊はあらわれなくなった。

女性の霊を除霊してもらい、ひと安心したあかり。しかし、ベッドに霊が憑いた理由を聞いて、後悔したというが…。

――女性の霊がベッドからはなれられなかったのは、このベッドの上で殺されたから。ベッドにところどころついた赤黒いシミは女性が流した血なのだろう。たとえ霊が消えても、人が殺されたベッドでは、もう眠れない…。

人が殺されたベッドで寝ていたなんて、恐ろしすぎるわ…

ストーリー 48 ラッキーコイン ???

「幸せになりたいやつが、よけい不幸せになるってウケる…」
　高校生の志津香はフリマサイトに『幸せを呼ぶ、ラッキーコイン』と名づけたコインを出品し、ストレスを発散していた。
　ラッキーコインとは名ばかりで、本当はネットで見た「不幸になる呪い」をかけたコインを販売していたのだ。コインを買った人がどうなったかは知らないが、うさばらしのつもりだった。
　ある日、塾の全国統一テストをひかえた志津香のもとに、親友の結衣が小さな紙袋を持ってやってきた。
「明日のテスト、がんばって！　お菓子とかのさしいれだよ」
　帰宅後、結衣からもらった紙袋を開け、志津香は凍りついた。

結衣は友だち想いの子のようだ…。　➡ 解説は次のページへ

ストーリー 49 モデル体型 ???

　ナオミは、SNSに投稿された9頭身モデルの画像をスマホで見ながら、ため息をついた。
（あ〜あ…、自分もこんな体型になれたらなあ…）
「そこのお嬢さん。なにか、悩みごとがありそうだね。この帽子をかぶれば、どんな願いだってかなうよ…」
　黒いローブをまとった怪しいおばあさんに声をかけられたナオミは、半信半疑でその帽子を受けとった。
（願い…願いは9頭身。9頭身になりたい！）
　帽子をかぶると、ナオミは本当に9頭身になった。しかし、カガミで全身を見た彼女は悲鳴をあげる。「きゃあ！　いや〜!!」

9頭身になれたのに、なぜ悲鳴をあげた？　➡ 解説は次のページへ

かいせつ48 返ってきたラッキーコイン…

あなたは気づいた?
- 結衣はテストをひかえた志津香に紙袋を渡した。
- 志津香はさしいれをもらったのに、凍りついた。

紙袋の中には、お菓子とラッキーコインが入っていた。
結衣は志津香がテストをがんばれるよう、本人が出品したとは知らず、フリマサイトでラッキーコインを買っていたのだ。
――志津香は自分でかけた呪いを、これから自分で受けることになる。さて、どんなことが起こるのだろう…。

ふざけてかけた呪いが
自分のもとへ返ってきた…

かいせつ49 世にもいびつな9頭身…?

あなたは気づいた?
- ナオミは「9頭身になりたい」と願った。
- 不思議な帽子をかぶって、本当に9頭身になった。

9頭身とは頭の長さ9つ分の身長があるという意味で、つまりは顔が小さく、足が長い体型のことである。
――ナオミは足が長くなったのではなく、身長は変わらないまま、頭が小さくなるというおかしな9頭身になってしまった。いびつな全身をカガミで見て、悲鳴をあげたのだった。

黒いローブのおばあさんから
なにかをもらってはダメね……

ストーリー 50 スマイル神社

???

「え～これからこの石だんを上がるの～？　だるすぎ～」
　楓は友だちの亜実と自転車に乗って『スマイル神社』と呼ばれる神社の前にやってきていた。楓にお願いされてついてきた亜実は、１時間も自転車をこいだうえに、自転車のタイヤがパンクしてしまい、不機嫌になっていた。

　山の中に建てられた神社。石だん前にある鳥居の近くに自転車を止めようとしたふたりは、石だん横の林にゴミ山を見つけた。
「え～なに、あのゴミ山。洗たく機にテレビまであるけど…」
　亜実はニヤリと笑って、そのゴミ山に自分の自転車をすてた。
「パンクしちゃったから押して帰るのだるいし、もう古いしさ」
「やめたほうがいいって。神さまが怒って罰が当たるかも…」
「そんなのないない。帰りは車で迎えにきてもらお～っと」

　神社の本殿には、たくさんの人形が祀られていた。楓はバッグから手作りの人形を取りだし、お供えをした。
「神社に自分に似せて作った笑顔の人形をお供えすると、その人は一生笑顔で、幸せに暮らせるっていう言い伝えがあるの」
「それでスマイル神社か…。本気で信じてるの？　アホらし…」
　本殿を後にし、石だんを降りてゴミ山の近くを通りすぎようとしたとき、亜実がいきなりよつんばいの体勢になった。
「なにそのポーズ？　さっそく神さまがわたしを笑わせてる？」
「ち…ちがうって！　体が勝手に！　きゃああ、痛いっ!!」
　手足がくるりと丸まり、首が伸びるように頭が持ち上がる。そして、まっすぐに伸びた腰からグギッと鈍い音が響いた。

亜実のポーズは、なんだか自転車みたい…？　　➡ 解説は次のページへ。

50 ゴミ山は神社の敷地内にある…

あなたは気づいた？
- 亜実は神社の敷地内にあるゴミ山に自転車をすてた。
- 笑顔の人形をお供えすると、その人は一生笑顔でいられる。
- 亜実の体は勝手に動き、おかしなポーズになった。

自分に似せた笑顔の人形をお供えすると、その人は一生笑顔で暮らせるというスマイル神社。ゴミ山の近くで亜実の体が勝手に動いたのは、神さまが楓を笑顔にするためではなかった。

——ゴミ山に自転車をすてた亜実は、神社に自転車をお供えしたことになる。笑顔の人形をお供えしたら笑顔になるように、亜実は自転車の形になってしまうのだろう…。

人間自転車が完成するとき 亜実は生きていられないわよね…

ストーリー 51 腕ききの職人 ???

　わたしは世界的に有名な大富豪の自宅に仕事で呼ばれていた。
「大どろぼうも開けることのできない、世界でひとつの金庫を作ってもらいたい。わたしは人を信用しないし、財産を1円たりとも他人に渡したくないんだ。報酬はたっぷりだぞ」
　わたしはこれまでつちかってきたすべての技術を使って、世界でたったひとつの金庫を完成させた。
　金庫の開け閉めを確認した依頼主は、金庫を絶賛してくれた。
「すばらしい！　どこにも穴も継ぎ目もなく、どうやったら開くのかすら、だれにもわからないだろう…。わたしと、キミ以外は」
　とたんにするどい痛みが走り、わたしは目の前が暗くなった。

この職人に、なにが起こったのだろうか？ ➡ 解説は次のページへ

ストーリー 52 箱の中身… ???

　骨董市で『ほしいと願ったものがあらわれる小さな木箱』をふざけ半分に買ったわたしだが、不思議な効果は本当だった――。
　ある日の放課後、だれもいない教室で大好きな高木くんが机の中にスマホを置いて、トイレに行く光景を見かけた。
（あ～高木くんのスマホが見たい。スマホを見れば、飯田さんとつきあってるってウワサの真相が確かめられるはず…）
「高木くんのスマホのロックを解除するものがほしい！」
　わたしは木箱を胸に抱きしめながら願った。そして木箱を開けようとしたとき、ろう下から叫び声がした。あわててろう下へ出ると、そこには血をたらしうずくまる高木くんがいたのだ。

スマホのロックを解除するもの…とは？ ➡ 解説は次のページへ

かいせつ 51　金庫の開け方を知る人間…

あなたは気づいた？
- 大富豪は人を信用しない性格らしい。
- 職人はするどい痛みを感じ、目の前が暗くなった。

　職人は作った金庫を依頼主の大富豪に絶賛されるが、急にするどい痛みを感じたかと思うと、目の前が暗くなった。大富豪によって殺され、息絶えたということだろう…。
　——人を信用しない大富豪は、自分以外に金庫の開け方を知っている人間が、この世に存在することが不安だったのだ。

最高の金庫を作ったために
依頼主に殺されてしまうなんて…

かいせつ 52　ロック解除は指紋認証…

あなたは気づいた？
- 少女は木箱に「ロックを解除するもの」を願った。
- 高木くんは血をたらし、うずくまっていた…。

　スマホのロックを解除するには、パスワードの入力、指にある指紋を使った認証、いくつかの点を指でなぞる認証などがある。少女はパスワードが書かれたメモを期待したのだろう…。
　——高木くんはロックの解除に指紋認証を使っていた。彼が血をたらしていたということは、木箱の中身は高木くんの……。

響き渡った高木くんの叫び声
さぞかし痛かったでしょうね…

ストーリー53 妖怪ずるずる ???

　ぼくは学校で女子から『妖怪ずるずる』のウワサを聞いた。
「妖怪ずるずるって、わたしたちと同じくらいの子どもで、右手には血まみれのウサギのぬいぐるみを持ってるの…」
「そうそう…。それで地面をずるずるってはいつくばりながら、助けて～助けて～って、近よってくるんだよね。妖怪ずるずるにつかまると、命をうばわれるんだって～」
「どうして、助けを求めてるわけ？」
「車にひかれて、はいつくばって助けを求めたらしいよ」
「え～わたしは、殺人鬼におそわれたって聞いたけど…」
（………あいまいだな。ウワサなんてしょせんこんなもんだ）
「妖怪ずるずるから助かる方法はひとつ、妖怪ずるずるが手に持つウサギのぬいぐるみを、手からうばうこと。そうすれば、妖怪ずるずるは混乱して、動けなくなっちゃうんだって～」

　そんなウワサ話をすっかり忘れていた頃、サッカークラブの帰り道に、ぼくは妖怪ずるずるに出会ってしまったんだ。
　ずるっ…ずるっ…。「助けて～助けて～」ずるっ…ずるっ…。
　血まみれのウサギのぬいぐるみを持ち、地面をはいつくばりながら、ぼくのほうへと近づいてくる。ずるっ…ずるっ…。
　ウワサをバカにしていたはずなのに、恐怖で足がすくむ。
（そ…そうだ。ウサギのぬいぐるみを手からうばわないと…）
　ぼくは妖怪ずるずるの手から、力ずくでウサギのぬいぐるみをうばいとった。すると手に持ったウサギの口がみるみる裂けた。
「ツギは……オマエだ!!」
　ウサギは笑った。手をはなしたくても、もうはなれない…。

妖怪ずるずるの正体は、いったい…？　➡ 解説は次のページへ

53 「助けて〜」の真実…

あなたは気づいた?

- 『妖怪ずるずる』とはウサギのぬいぐるみを持つ子ども。
- 地面をはいつくばり、「助けて〜」と近よってくる。
- ウサギのぬいぐるみは少年に「次はおまえだ」と言った。

　妖怪ずるずるの手からウサギのぬいぐるみをうばったとたん、口が裂けてニタアと笑ったウサギのぬいぐるみ。

　——妖怪ずるずるの正体は、ウサギのぬいぐるみに手を引っぱられ、地面をずるずると引きずられる子どもだった。子どもは恐ろしいウサギのぬいぐるみから逃れるために、助けを求めていたのだ。だとすると、少年はこれから…。

少年はぬいぐるみに引きずられ助けを求めることになる…

ストーリー 54 救出活動 ???

　ある日、山道を走っていた路線バスが土砂くずれで埋もれてしまうという事故が発生した。数日間続いた大雨によって地盤が緩み、大規模な土砂災害が起きてしまったのだ。
　事故発生後、警察や消防隊、自衛隊による懸命な救助活動が行われ、ようやくひとりの男性が救出された。
「大丈夫ですか？　ご自身のお名前や職業は言えますか？」
「は…はい。室井茂人。57歳。バスの運転手をしております」
「バスの中にはまだ、乗客はいますか？」
「……いえ、おりません。わたしひとりだけでした」
　それを聞いた救助者たちはホッとし、救出活動を終えた。

バスの中には本当にもう、だれもいない…？

ストーリー 55 万引き ???

　ヒマになる深夜のコンビニに、真夜中にはめずらしい親子のお客がやってきた。男の子はスナック菓子を持ちながら、ちらちらとぼくの様子をうかがった後、そのお菓子をTシャツの中にかくした！
「ちょっと、見てましたよ！　万引きしちゃだめだよ！」
「すみません、すみません。どうか、警察を呼んでください！」
　すがるように泣く子どもが不びんに思えた。
「警察は呼ばないから、大丈夫だよ。もう二度としないでね」
　男の子は父親に手を引っぱられ、泣きながら帰っていった。
　——翌日、ぼくはニュースで、昨日見た男の子が1週間前から行方不明だったことを知る。ぼくは急いで110番通報をした。

男の子の行動には、理由があったようだ…。

54 室井さんはバスの運転手だが…

あなたは気づいた？
- バスの運転手をしている室井さん。
- 室井さんは「乗客はわたしひとりだけ」と答えた。

　救助された男性は職業を聞かれたので、バスの運転手と答えたが、土砂に埋もれたこのバスには、乗客として乗っていた。
　──救助者は男性をこのバスの運転手だと思いこみ、乗客がいるか確認した。男性は乗客は自分だけだったので、「わたしひとりだけ」と答えた。バスの中には、まだ運転手がいる…。

救助活動は終了したが、このバスの運転手さんが取り残されている

55 店員にむけた必死の SOS…

あなたは気づいた？
- 男の子は万引きをして、警察につかまりたかった？
- 1週間前から行方不明になっていた男の子。

　店員の男性がニュースを見た後、急いで110番通報をした理由。それは深夜のコンビニで見かけたのは、行方不明になっている男の子と、その男の子を誘拐した誘拐犯だったからだ。
　──男の子は店員に警察を呼んでもらうために、わざと万引きをしたのだが、店員は優しさで作戦を台なしにしてしまった。

あなたも調べてみて！世界共通の「助けを求めるハンドサイン」

ストーリー 56 たくさんほしい！ ???

　西園寺姫香は、事業で大成功をおさめた父親が60歳になってから生まれた女の子で、目にあまるほど溺愛されて育った。
　ほしいものはすべて買い与えられ、父親の権力やお金を使って、周囲の人間をなんでも思いどおりにして育ってきたのだ。
　姫香のワガママはひどくなる一方だった。ついには気に食わない人間を、暗殺者に依頼して消してもらうまでになっていた。

　姫香が20歳になって3か月後、父親が病気で亡くなった。
　父親の権力が消えたとたん、多くの人間が西園寺家が今まで行ってきた悪事を告発し、姫香は逮捕された。死刑を言い渡された彼女は、自分の行いを反省することなく泣きわめいた。
「わたしはなんでも人よりたくさん手にいれてきた。なのに、生きる時間だけ短いなんて。まだ若いのに不公平よ！」

　刑務所にはいって1か月後、母親が面会にやってきた。
「執事の青木が黒魔術師を見つけてくれたの。その黒魔術師の力を使えば、あなたは500年でも生きられるらしいわ。そうして500年の間は死刑によって死ぬこともないって…」
「命も時間もたくさんほしい！　すぐに黒魔術師にお願いして！」
　――ある日の朝8時。独房のトビラが開かれた。
「863番。本日、死刑を執行する」
　姫香は死刑執行室にはいる前、教えられた呪文をとなえた。
「Diabola, $*experience hun** chu ti sei rawh」
　すると時が止まった。なにもかもが動かなくなった。ただひとり彼女だけが、「500年」の意味を悟り、絶望していた……。

時が止まったのに、彼女の頭は働いている…。　➡ 解説は次のページへ

223

56 体感時間が500年に伸びる呪文

あなたは気づいた?

- 黒魔術師の力があれば、500年間は死刑で死ぬこともない。
- 姫香は死刑執行室にはいる前に、呪文をとなえた。
- 呪文をとなえると、なにもかもが動かなくなった。

　黒魔術師が姫香に教えた呪文は「500年長く生きられる」のではなく「体感時間を500年に伸ばす」ものだった。まわりの人間が動かなくなったのは、死刑執行室にはいり、死刑が執行されるまでの約5分を500年に感じるようになってしまったから。

　——姫香はこれから500年もの間、体を動かすこともできず、死刑が執行されるのを待つしかないのだ…。

500年もあれば、姫香も心から反省をするかしらね?

わたしは最初…七海の話が信じられなかった

彼女の母に話を聞くとできる治療はもうないそうで

最後は七海がやりたいことだけをして過ごす時間にしたいそうだ

わたしは七海に死ぬまでにやりたいことリストを作るように伝え

毎日ひとつずついっしょに実現することにした

ねえ七海…

わたしね
強く願えば…
時間を戻せる
のかも…

だからさ…
七海はゼッタイ
死んだりなんか
しないよ！

なにそれ…

…でも

ありがとね

わたしは症状が
悪化した七海を
見たくなくて
3月27日を
七海のとなりで迎える度に
タイムリープを
くり返した

瑛麻の「時間を戻す力」は、消えてしまった…?

わかってゾクッ かいせつページ

57 タイムリープ

タイムリープする条件…

あなたは気づいた？

瑛麻が強く願ったら、3月6日にタイムリープした…。

桜を見た後に強く願った際、4月3日にタイムリープした…。

七海が亡くなった後、願ってもタイムリープできなくなった。

　七海の死を受けいれられない瑛麻は、時間を戻したいと強く願い、タイムリープに成功した。タイムリープをくり返す瑛麻だが、桜を見た後、時間はなぜか先に進んでしまった。

　——七海が容態をくずして亡くなってしまった後も、瑛麻がどんなに強く願っても時間が戻ることはなかった。これはおそらく、タイムリープするための条件が「瑛麻が強く願う」ことではなく、ほかにあったからだろう…。

瑛麻が強く願うとき
七海も願っていたようよ…

今までわたしのやりたいことリストに
つきあってくれてありがとう。

瑛麻は「わたしは強く願えば時を戻せるから
七海は死んだりしない」って言ってくれたよね。
うれしかったな。

そして、本当に何度も時が戻るように
願ってくれたよね。ありがとう。

> ごめんね。じつは
> 時を戻していたのは
> わたしだったんだ。

死ぬのが怖くて、ありとあらゆる神さまに祈り続けていたの。
それで不思議な力が宿ったみたい。
………でもね。わたしの祈りだけじゃダメで
だれかが同じタイミングで願ってくれる必要があった。

つまり、わたしと瑛麻の共同作業で
時間が戻っていたってこと。

瑛麻とすごす毎日は本当に楽しかった。
何度もくり返す度に、死んじゃうのが
どんどん怖くなってしまった。
病気から逃れられるほど、時間を戻すことは
ムリだったけれど、瑛麻が願ってくれる度に
タイムリープをくり返してしまった。

本当にごめんなさい。瑛麻の時間をうばっていたね。

57 タイムリープ

弱虫だったわたしをゆるして。
でも、もう大丈夫。最後に桜を見て前に進めたよ！

おぼえてる？　昔満開の桜の下で瑛麻は
小説家になる夢を教えてくれたんだよ。
なにかをうしなってできた余白には
必ず新しい幸せがはいるんだって！

瑛麻、わたしの分まで未来を生きて！
瑛麻が小説家になれる日まで
ずっと応えんしてるからね！！

菜緒とのビデオ通話が切れた後も、耳鳴りがした…。

耳鳴りは近くに霊がいるサイン

あなたは気づいた?

1 菜緒とビデオ通話を始めると、強い耳鳴りがした…。

2 菜緒とのビデオ通話が切れてしまった後も、また強い耳鳴りがした…。

宏香には霊感があり、近くに霊がいると耳鳴りがする。菜緒とビデオ通話を始めてから強い耳鳴りがしたため、菜緒の部屋に霊がいると思った宏香だが…。

——ビデオ通話が終わった後にも耳鳴りがした。つまり、霊は宏香の部屋にいる。本当に危険なのは彼女自身だ…。

かなり強くて危険な霊が宏香の背後にいた…

わかってゾクッ かいせつページ

目かくしをした犯人は…？

あなたは気づいた？

1 主人公がひと息ついていると、目かくしをする手が…。

2 麻莉奈のしわざだとふり返るも、彼女は少しはなれた場所に立っていた…。

　主人公は「だ〜れだ？」のイタズラをしたのは、麻莉奈だと思っているが、そうではないようだ。
　——ふつうであれば、背後から目かくしをすると、親指が上にくるのだが、この手は親指が下にきている。天じょうからぶら下がったおかしな腕をもつナニカのしわざだろう…。

ひじの関節がふたつある…天じょうに住む妖怪？

琴葉はおばあさんの感情の色ばかり見ているが…。

おじいさんの感情の色は…？

あなたは気づいた？

1. 栄田さんが感情の色が見えるというメガネをかしてくれた。

2. ひどく怒った男性の感情の色は、にごった赤紫色だった。

3. おばあさんの感情の色は、本人をおおいつくすほどで真っ黒。

本人をおおいつくすほど黒色がうずまくおばあさんに、ぎょっとする琴葉。一方で琴葉は気づいていないが、おじいさんもおじいさんで「色がついていない」という異常な状態だ。

——色がないとは感情がないということ。しかし感情がない人間などいない。つまりこのおじいさんは、生きた人間ではないのだろう。死んだおじいさんと、黒色うずまくおばあさん。黒は、さまざまな色が混じりあってできる色……。

愛も憎しみも悲しみも
すべて混ざった色なのかしら…

ストーリー 61 ラブレター ???

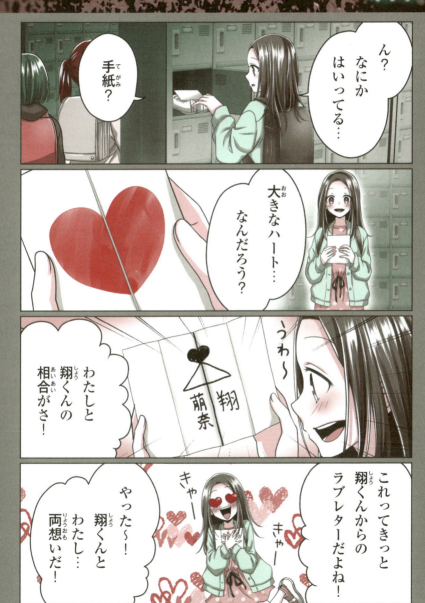

ストーリー 63 ナニか感じる…？

ん…？
視線を感じるような…

やっぱり…視線を感じる

最近ずっとどこからか見られてる気がするんだ…
え〜？気のせいだって

それよりトイレ行こっ
う〜んまた感じる…

どこからか感じる視線は、気のせいではない…。　解説は260ページへ

61 いやがらせの手紙…

　ラブレターをもらったとはしゃぐ萌奈。…なにか、ちがう。
　——手紙を開くとわれてしまう赤いハート、相合がさに描かれた黒いハート、萌奈と翔の間をさくように紙全体に伸びた相合がさの真ん中の線…と、違和感だらけだ。これは恋のライバルが萌奈に送った、いやがらせの手紙なのだろう…。

　　　　黒いハートには嫌いという意味もある

62 この男性が食べるもの…

　主人公の男性は自宅に友人を招き、手料理をふるまっていたようだが、料理はすべて完食されている。
　——それなのになぜ、彼は「ぼくは今からいただきます」と言ったのだろう。それは食べるのは料理ではなく、料理を食べ終えた後の友人ふたりだからかもしれない…。

　　　　しかしこの男性、どこかで見たような…？

63 うわっ！ 見ていた…

　主人公は最近、自宅でも学校でもどこからか見られているおかしな視線になやんでいた。友人は気のせいだと適当に流すが、それは気のせいではなかったのだ…。
　——あなたは気づいていただろうか？ コマ枠の外から、主人公をじっと見つめている目玉があったのだ！

 あなたを見つめる目玉もあるかも…

テーブルから聞こえるノック音

あなたは気づいた？

① 部屋のどこからか聞こえてくるドンドンドンという音。

② リメイクテーブルは一点物で作りもいいのに、返品されてしまうようだ…。

① ドンドンドン

② 作りもいいんですがなぜだか返品される方が多くて安くしたんです

　部屋で聞こえたドンドンドンという不思議な音は、テーブルがドアだった頃、そのドアをたたく音だったのだろう。
　——しかしこのドア、9話の少女が閉じこめられてしまった地下室のドアとそっくりである。地下室から出られなくなった少女が、助けを求めてドアをたたく音なのだろうか…。

このドアには少女の悲痛なSOSが残っている…

264

ストーリー 65 まっくらけ

???

『まっくらけ』の都市伝説知ってるか？

知らん

よく晴れた日に一瞬にして辺りが真っ暗になることがある

そんなときは辺りが明るくなるまでゼッタイに目を開けてはならない…

なんだそれ？
目を開けたらどうなる？

恐ろしいことが起こる…

かいせつページ　わかってゾクッ

巨大な顔が太陽をかくす…

あなたは気づいた？

① 目を開けた少年は、自分の半径2mだけが暗いことを知る。異常な状況だ。

② 頭上を見上げた彼は、巨大な顔を見て悲鳴をあげた。

　半径2mだけ太陽の光が届かなくなる異常気象など存在しない。太陽の光を遮断するナニカが、そこにあるのだ。
　──少年の頭上には巨大な老婆の顔があった。これこそ『まっくらけ』の正体だ。まっくらけが出たときに目を開けると恐ろしいことが起こるらしいが、恐ろしいこととはなんなんだろう…。

少年はこれからどうなってしまう…？

かいせつページ ― わかってゾクッ

読むと行方不明になる本…？

あなたは気づいた？

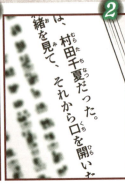

① 行方不明になった子が読んでいた本。それを読んだ、千夏も行方不明に…。

② 行方不明になった千夏が、小説に登場している…？

行方不明になった千夏の友人が読んでいた小説。その小説を読んだ後、千夏も行方不明になってしまった…。
――千夏が小説に登場したのはぐうぜんではないのだろう。この本は、読んだ人間を本の世界に取りこんでしまう本なのだ。そしてその人間が、小説の新たな登場人物になる……。

彼女も小説に取りこまれ小説の登場人物に…！

画面の中の意味こわ…
意味がわかると怖いSNS（エスエヌエス）

動画や画像の投稿、メッセージのやりとりなど、ここからはSNS（ネットをとおして交流できるサービス）をテーマにした意味こわを紹介するわ。画面をよく見ながら、かくされた意味を考えてみてね…。

朔月糸です　意味こわチャンネル　スタートします！

見逃しがちな意味こわを　しっかりと見つけて…

ストーリー 68 背がちぢむ ???

 ghost-mania

ウワサの検証してみた
いわくつきのベッド
寝ると必ず背がちぢむ
大人が寝ると足がはみでる

なぜ、背がちぢむのだろうか…？

ストーリー 67 森の中で… ?

 Kento-otneK_o224_

ズッ友！
6年2組
ヒミツ基地
西東山の森

森にいるのは仲よし3人組…？

解説 67 もうひとり…
キャップをかぶった少年は、手を左右に伸ばしているように見えて、そうではない。だとしたらこの手はいったい…？

解説 68 切断される…
天蓋にかくれた大きな刃、床ににじんだ血。寝ると背がちぢむベッドとは、大きな刃が落ち足が切断される仕掛けのようだ。

274

ストーリー 70 カフェ散策 ??

""_M-Mona_Angel_""

\# フラッペマカロン
\# カフェめぐり
\# 穴場おしゃれカフェ
\# 激こみで落ちつかない
\# 話し声うるさくて残念

激こみで話し声がうるさい…？

ストーリー 69 大きなカニ ??

xxx_rainbow^__^@xxxx

\# 地元の友だちが送ってきた
\# まだ生きてる
\# でかい毛ガニ
\# おいしそう！

ふつうの毛ガニのようだが…？

解説 69 人面ガニ
投稿者は大きなカニにはしゃいでいるが、上下逆さまにすると、カニの甲羅に人の顔がうかびあがる。人面ガニだろうか…？

解説 70 死者たちのカフェ？
だれもいない店内を激こみで話し声がうるさいと感じる投稿者。もしかしてまわりの人はすべて死者…？

ストーリー 71 儀式の生配信…

???

バーチャル配信者みろちゃむの生配信にきてくれてありがと★今日は、ウワサの『理想の姿になれる儀式』を実際に試していくからね〜。え〜と、儀式を成功させるには……。「呪文を正しくとなえる、呪文をとなえる間は自分の姿をなにも映さない」だって。みんなには見えないけどカガミも片づけたし、窓に映らないようにカーテンもしめたから安心してね。じゃあ、正しく呪文をとなえていくよ…。

配信者のみろちゃむはまさに今、生配信をしているようだが…。

解説 71 カメラが映している…

呪文をとなえる間は、自分の姿をどこにも映してはならないようだ。みろちゃむは気づいていないが、バーチャルの姿とはいえ、カメラで自分を映し、その姿を生配信している。う〜ん、儀式は失敗のようだ…。

儀式が失敗して呪われたりしない？

ストーリー 73 海の思い出 ???

＜あ〜こ

あ〜こ
自撮りしたのに海しか写らん
画像も汚いし…スマホ故障？

ミナ
水着のあ〜こ
写ってるけど…

あ〜こ
え？　いやいやどう見ても
海しか写ってなくない？？

ミナ
この画像…ほかの子には
送っちゃダメだよ
ゼッタイにひかれるから…

なぜ、あ〜こは写っていない…？

ストーリー 72 ド忘れ ??

＜カケルくん♡♡

カケル
スマホ見つかった〜！！！
交番に届けられてた

リホ
もう気をつけなよ

カケル
今から家に行っていい？

リホ
いいよ！　でもバイトは？

カケル
休みにしてもらった
でさ…家の地図情報送って！

リホ
何度も来てるじゃん…

カケル
わりぃ…ド忘れした

リホ
いろいろしっかりして〜
地図情報送るね！

落としたスマホが見つかった…。

解説 72 本当にカケル？
彼女の家を忘れるなんて、おかしな話だ。スマホをひろった人間が、彼氏になりすまして連絡してきたのだろう…。

解説 73 写らない理由
あ〜こはこの海で亡くなった。霊なので写真に写らない。一方でミナは霊感があるため、写真のあ〜こも見えている…。

ストーリー 75 デスゲーム ???

あっちゃん
@ayana0908ayana

最後のひとりになるまで銃で撃ちあうデスゲームに参加したよ。彼氏のりょうくんがわたしを最後まで守ってくれた。わたしは銃を1回しか使わなかったけど、すごく怖かった。死んだみんなの分まで、しっかり生きなきゃ！

💬 115　🔁 3,275　♡ 4,050

少女が銃を使ったのは1回だけ…。

ストーリー 74 オススメ！ ?

読書愛好家
@reading-enthusiast

手に汗にぎる展開、ラストに訪れる衝撃。本好きにこそ読んでほしい1冊です！　非売品なのでDMでご連絡ください。

💬 32　🔁 105　♡ 80

この本、どこかで見たような…。

解説 74 いわくつきの本
これは66話に登場し、読んだ人が行方不明になってしまう本だ。興味をもってDMした人が、次の被害者に…。

解説 75 最後のひとり
生き残るのはたったひとりだけ。つまり彼女が銃を使った1回は、最後まで自分を守りとおしてくれた彼氏を撃った1回…。

278

ストーリー 76 ひさびさの連絡

 ちょっと〜咲織。ずっと大学も休んでたけど、なにかあったの？何回連絡しても返事がないから、心配してたんだよ。

 ごめんね。カゼをこじらせてたんだけど、もうこんなに元気！この後カレとご飯に行くから、少ししか話せないんだよね…。

 連絡がきたから安心したよ。あれ、今まで本棚にそろってた咲織の自慢のマンガ全巻はすてちゃったの？　べつの本に変わってるけど…。

咲織は元気がない。本棚のマンガが本に変わった点も気になる…。

解説 76 ビデオ通話でSOS！

ひさびさに友人にビデオ通話をした咲織。本棚にあった自慢のマンガは、べつの本に変わったらしい…。本棚に並ぶ本のタイトル1文字目をつなげて読むと「トジこめラレタ」になる。友だちに助けを求めているのだ。

ストーリー 78 入会テスト ???

＜ミステリー研究会

代表者
わがミステリー研究会に
入会したければ
下の暗号を読み、答えを送れ

↑2↑2↑2

矢印にそって読め。

きみたいさうを
たがみがつほえた
めしていほうよ。

なにを答えさせようとしている…？

ストーリー 77 おまじない ??

＜中町江麻

えま

アヤカ

え？ これ……だれ？
てか…口の写真もナゾ

えま
わたしのお兄ちゃん
えへへ…ちょっとした
おまじないなんだ〜

「口」の写真と「兄」の写真…。

解説 77 口＋兄＝呪 口元を写した写真、兄の写真…。口＋兄＝呪。えまがしたおまじないとは、アヤカに呪いをかけたということなのだろう…。

解説 78 殺害方法…？ 文字列を、矢印にあわせ「21212」の流れで読むと「きみがためしてみたいさつがいほうほうをこたえよ」となる…。

ストーリー 80 彼女のキモチ ❓❓❓

< 寺田司

つかさ
やっぱり別れるなんてムリ
美月とやり直したい

みづき
わたしがまだあなたを
愛していると思う？
それがわかれば、わたしの
キモチもわかるはずよね？

みづき
あさよいうなら
あいにどあと
いれんあいらく
いすあるな

彼女にはもう、愛がないようだ…。

ストーリー 79 かくし撮り ❓❓

< くりっちゃん

りっちゃん
じゃ〜ん 盗撮画像！

みりあ
え？ なにこれ 電車？

りっちゃん
みりあとカレが
ラブラブ中だったから
声かけなかったんだけど
カレシめちゃイケメンやん！

みりあ
これ…カレじゃない
ぜんぜん知らない人…

イヤホンは周囲の音を遮断する…。

解説 79 赤の他人なのに
イヤホンで音楽を聴いていた少女。友だちが誤解するほどに見知らぬ男性が密着していることに気づかなかった…。

解説 80 愛がない…
みづきはつかさをもう愛していない。文字列から「あ」と「い」を消すと「さようなら にどと れんらくするな」になる…。

ストーリー 81 都市伝説掲示板

？？

【リアル】都市伝説について語るスレ

2025/6/10/22:35　投稿者：としぞうじいさん

このスレにきているやつで、「不老不死」に興味がある人間はいるか？
地図にものらない秘境の村に「不老不死のお守り」が存在するんだ。
そのお守りを手にすると、年をとらずに生き続けることができる。
希望するやつがいれば、T村のもっとくわしい情報を教える。

2025/6/29/23:50　投稿者：オカルト好きのY

不老不死のお守り、めちゃくちゃ興味があります。
だってずっと年をとらず、若いままでいられるんですよね？？
じゃあT村の人たちはみんな、不老不死ってことですか？
T村の話、もっともっとくわしく教えてください！！！

2025/6/30/7:30　投稿者：秘教探検家えつじ

俺も不老不死のお守りは気になる。秘教の村についての情報も求む。

不老不死のお守り、T村、オカルト好きのY。これはおそらく…。

解説 81 村に人をおびきよせる

カカシを田の神に捧げる田神村。投稿者のとしぞうじいさんとは、5話の由奈たちがお世話になった家の主だ。こうやって不老不死のお守りのウワサを流し、興味をもつ人間を村へと誘いこんでいるのだろう…。

芳佳もまんまとウワサにおどらされて田神村へ…

ストーリー 83 グルメな人 ??

cannibal-man

今夜は乾杯
新鮮な香りに酔う
鮮度バツグン
レアステーキもそえて

投稿者はなにを食べ、なにを飲む？

ストーリー 82 Ｗピース ?

sala.mike

高原のペンション
女子のひとり旅
ロープウェイで山頂へ

彼女はひとり旅のようだが…。

解説 82 ひとりじゃない…
左手でスマホを持っているのに、なぜかピースする左手も写る。ひとり旅だから友だちの手でもない。霊だろうか…。

解説 83 赤ワイン…？
たっぷりとそそがれた赤いワインに見えるが、どうもそうではないようだ。そばには血のついたナイフ、そしてなんの肉…？

ストーリー 85 雪にダイブ？ ？？

OutdoorsyType1111

\# 雪山登山中の友だちから画像
\# 雪にダイブしたあと？
\# でもなんかヘン
\# 写真の向きかな

足あとが、盛り上がっている？

ストーリー 84 クマ退治 ？

Breaking-Man_No1

\# クマ退治
\# 勇気ある最強の男
\# ケンカじゃ負け知らず

男性はこの後、大丈夫だろうか…？

解説 84 最強は親グマ！
子グマを退治して自慢げに写真を撮る男性。背後に親グマが来ているようだが、大丈夫だろうか？　親グマには勝てない。

解説 85 雪山の死体？
しずむはずの足あとが、盛り上がっているのはおかしい。この画像は上下逆さまで、雪山でたおれた人の様子だったのだ…。

284

ストーリー 86 質問メール

??

送信者：ミステリー研究会
【入会テスト合格】第一の質問

立木 郷子さま

見事、入会テストに合格だ。ミステリー研究会にようこそ！
犯人役や被害者役に扮し、美しい完全犯罪を考えよう。
さっそくだが、キミに質問がある。どちらを選ぶ？

A 3355411　　　B 1122411

メールにある画像は、スマホの入力画面のようだが…。

Aと答えてしまったらどうなってしまうの…？

解説 86 快楽殺人グループ？

メールについた2枚の画像はスマホの入力画面だ。質問にある数字をひらがな画面で入力すると「3355411」は「しにたい」、「1122411」は「いきたい」となる。Aを選んだ場合、被害者役になってしまう…？

ストーリー 88 恐怖体験… ??

りりー chan
@x_x @TxT @UTxTU

帰りにお腹が痛くなって、公園のトイレに走ったの。右はしの個室にはいっていると、ドア下のほっそ〜いすきまからわたしをじっと見るふたつの目が！
「佑く〜ん。すぐ出るから〜」なんて、トイレの前で彼氏が待っているようなお芝居をしたら、目は消えたんだけどさ。変質者だよね。怖かったよぉ〜。

💬 62　🔁 25　♡ 48

トイレのドア下からのぞく目…？

ストーリー 87 10年後… ???

尾崎雄一郎
@::Yuichiro—-Ozaki::

最高の幸運をつかみ、太く短く生きるために、おれは今日、この画像に「いいね」を押す！
投稿日：2025年7月2日

この画像に「いいね」を押すと、最高の幸運に恵まれる。どんな願いも次々にかなうが、10年後には命を落とす――。
投稿日：2015年7月5日

💬 520　🔁 40,640　♡ 6,285

10年後とはいつから10年…？

解説 87 あと3日…
10年後なら死んでもいいと、いいねを押した彼。しかし画像の投稿日から10年後だとしたら、彼の命はあと3日しかない…。

解説 88 のぞけない…
りりーちゃんは変質者のしわざだと考えたが、ドア下の数cmから両目でのぞける人間などいない。のぞく目はいったい…。

ストーリー90 きのこ狩り ?

大きな鍋実行委員会
@bigpot_party

きのこ狩り&鍋パーティー 開催

会場　地図はこちら
日時　11月15日(日)11時〜
参加費　無料
※みなさんが山で収穫した
　きのこで鍋を作ります！
参加上限　20名まで

💬 380　🔁 200　♡ 300

参加費無料とはお得なイベントだ。

ストーリー89 友の捜索 ??

水川莉里を探す会
@0000o0_Oonuma

わたしの友人である水川莉里が
行方不明になりました。お心当
たりのある方は、どんなささい
な情報でもいいので、ご連絡を
お願いいたします。拡散希望。

💬 206　🔁 83　♡ 60

行方不明になった友人を探す投稿？

解説89 友人ではない
友人ならば盗撮したような画像は不自然だ。この投稿者は彼女を探しており、彼女の居場所をつきとめようとしている。

解説90 世にも危険な鍋…
「大きな鍋実行委員会」をよくおぼえておいてほしい。そしてあなたは絶対に参加しないことだ。なぜならそれは…。

ストーリー91 祖父の予言メモ

??

🧑‍🦰 だいぶ片づいたよ。片づけをしてたら、おじいちゃんが書いたメモ帳がでてきてね…。

🧑‍🦰 おじいちゃんは平成11年に亡くなったんだけど、そのメモ帳にはさ、なんか予言みたいなものが書かれていたんだよね…。

平成20年　新種のウイルス流行
平成31年　隕石が衝突する
令和2年　第三次世界大戦開戦
令和5年　宇宙戦争勃発

来年産まれる孫娘がずっと幸せに暮らせるよう願う。

🧑 おばあちゃん家の片づけ進んでる〜？　古い家を改築するんだよな。沙梨もがんばって片づけなよ!!

🧑 アハハ、めちゃくちゃだな、なんにも当たってないじゃん。

祖父の予言には、当たっている部分もあるようだ…。

解説91　平成の次の元号は令和

沙梨の彼氏は、沙梨の祖父の予言がすべてはずれていると笑ったが、そうでもないようだ。祖父は平成11年に亡くなっているので、平成が31年まで続くこと、その次の元号が令和になることは知らないはずである。

怖い予言はすべてはずれてよかったわ…

暑さで半袖を着ているお正月？

1. 主人公は半袖でコタツにはいり、熱くていやだと感じている。

2. おせち料理やお雑煮を見て、そうめんを食べたいと言う恭太。

3. 「今年のお正月はいつにもまして暑い」と話しているが…。

羽根つきやコマ回しで遊び、コタツでおせち料理やお雑煮を食べる家ぞく。かざられたお正月飾り…。しかし、だれもが半袖で過ごし、暑くてアイスやそうめんを食べたいと言う。

――なにやらちぐはぐなのは、これは地球温暖化が進んだ未来のお話だから。夏のような気候が一年中続く未来は、お正月の時期も暑いままだ。温暖化防止策を真剣に考えないと、本当にこんな未来がやってきてしまうかもしれない…。

地球の未来がどうなるかはわたしたち次第…

パパママ帰ろうよ…

ねぇ!帰ろうってば

どうして実咲の言うこと聞いてくれないのっ!

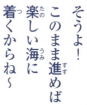

ごめんな〜もう少しだからがんばろうな〜

そうよ!このまま進めば楽しい海に着くからね〜

……ちがうよ……ちがう…

そっちは海じゃないよ

実咲は急に、どうしてしまったんだろう…?

93 交通渋滞

わかってゾクッ かいせつページ

実咲だけがわかっていた…

あなたは気づいた？

1 あれ…ナビがさっき通りすぎた辺りで止まったままだよ…

ナビが通りすぎた場所で止まったまま。ナビの故障だろうか？

2 楽しみにしていた海なのに、なぜ行っちゃダメなのだろう…。

3 先ほど西山ジャンクション付近で大規模な玉突き事故が発生しました

家ぞくの車が走ってきた場所で、大規模な玉突き事故が発生。

　家ぞくが乗った自動車は、ラジオから聞こえたジャンクション付近での玉突き事故に巻きこまれていた。ナビが不自然に止まっていた場所が、事故に巻きこまれた位置なのだろう。

　――事故で大ケガを追った３人は、生と死のはざまをさまよっている最中なのだ。この家ぞくがこれから向かう先、それは死後の世界…。実咲だけはそれがわかっていたため、「行きたくない、帰りたい」と伝えていたのだ。

実咲には死神の姿が見えているのかもね…

わかってゾクッ かいせつページ

世界平和は世界中の人々の願い

あなたは気づいた？

① 戦争で荒れはてた街。ガレキの中には薄型テレビや人型ロボットがある…？

② 莉子の自宅にかざられたカレンダーは2036年である。

　第二次世界大戦が終わってまもない昭和時代の話にも思えるが、ガレキの中にある薄型テレビや人型ロボット、カレンダーを見ると、これは未来のお話ということがわかる。
　──戦争が起こると、街が焼けて、食べ物もなくなり、おだやかな日々が一変する。戦後に生まれた子どもたちは、日本がどれだけ豊かな国だったのか、もう知らないのだ…。

貧しい暮らしでは食べることができない…

わかってゾクッ かいせつページ

「ここ」にいる…

あなたは気づいた？

1 靴は玄関にあるが、家中のどこにもいない蒼。

2 蒼がいないのに蒼のスマホはなぜかつながり、「ここにいる」と言う…。

　どこかに消えてしまった蒼。母親が蒼に電話をすると、スマホは部屋にあり、不思議なことに通話がつながった。
　——蒼は「ここにいる」と母親に伝えた。「ここ」とはスマホの中のこと。スマホばかりいじっていた彼女は、スマホの世界に呼ばれて、中に閉じこめられてしまった…。

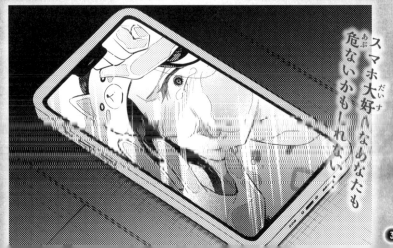

スマホ大好きなあなたも危ないかもしれない…。

わかってゾクッ かいせつページ

ひとり遅れて到着した主人公…

あなたは気づいた?

1 霊感を消したい主人公は、教わった神呪をとなえた。

2 清々しい気分で部屋のふすまを開けると、友人はみんな消えていた…。

　主人公が神呪をとなえた後、部屋から友人が消えた。霊感を消したら見えなくなった3人は、霊だったということだ。
　——この日、主人公より先に旅館へと向かっていた3人。おそらく旅館に着く前に、主人公の話していた土砂くずれに巻きこまれ、全員命を落としてしまったのだろう…。

3人はまだ自分たちが死んだことを知らない…。

ストーリー97 大きな鍋

???

大きな鍋実行委員会

【古民家で大きな鍋パーティー】開催！！

会場　地図はこちら
日時　１０月１０日(土)１４時スタート
参加費　無料　※指定した具材の持ちより
参加上限　２０名まで

大きな鍋か…いいじゃん！

由梨を誘おう♪

参加費はタダで指定された具材を持っていくのね

わかってゾクッ かいせつページ

妖怪もSNSを使う時代…？

あなたは気づいた？

① 主人公はSNSでイベントを知り、参加することに。

② 参加者が指定された具材は野菜ばかりで、主人公は少しがっかりしている。

　鍋は大きく参加者20人では食べきれないサイズだ。そして鍋の具材は参加者が持ちよりで、野菜ばかりだった。
　――なぜ、野菜ばかりなのか。肉はすでに会場にあるからだ。イベントの主催者は人間を食べる妖怪で、これから参加者20人を野菜とともに鍋で煮こみ、食べようとしている…。

肉となるのは人間、鴨がネギをしょってくる

わかってゾクッ かいせつページ

連続殺人事件の記憶…

あなたは気づいた?

1. 赤ちゃんだった未祐は、事件に関する内容を言い当てた。

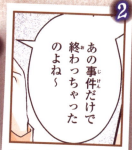

2. 未祐の超能力はひとつの事件にしか発揮されなかったらしい。

3. 「わかったのではなく、おぼえていただけ」とは?

　当時、赤ちゃんだった未祐は、ある殺人事件のことだけをなんでも言い当てることができた。そのため、『超能力ベイビー』ともてはやされたようだが、実際はちがっていた…。

　――未祐は超能力者ではなく、死んだ殺人犯の生まれ変わりだったのだ。赤ちゃんの頃、前世の殺人犯のときの記憶を両親に話し、それが事件解決につながった。現在の未祐もまだ、前世の記憶をもっているようだが…。

未祐の前世は殺人犯…?
衝撃の真相だった…わね…

かぐや姫

わが家には満月の日の夕方になると

家中の雨戸を閉め
子どもは早く寝るという

不思議なルールがあった──

このルールのせいでわたしは
生まれて一度も満月を見たことがない

ママやパパに理由をたずねても
教えてくれることはなかった

満月を見たら
不吉なことでも
起きるってこと？

ゴロ…

夜中に
ふたりの話を
聞いてしまった
こともあった…

どうして
月に帰らないと
いけないの？
結月を
うしなうなんて
考えられない…

うううう…
うううう…

つまり…
わたしは……

──かぐや姫
なんじゃないか？

パパと
ママも…
わたしが
月に帰るのを
恐れているんだ…

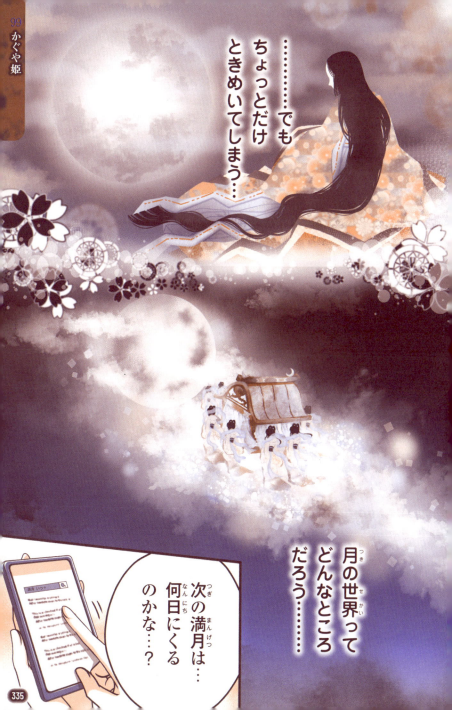

かいせつページ

わかってゾクッ

朝起きると母親がいない…

あなたは気づいた？

満月の日の夕方、家中の雨戸を閉めるというおかしなルール。

満月の夜、雨戸を開けると、そこには月の使者がいた…!?

朝起きたとき、母親はおらず、父親がひとり泣いていた…。

かぐや姫だったのは、結月ではなく母親のほうだった。

――母親は月の使者に見つかってつれ戻されないよう、月の力が強まる満月の日は、夕方から雨戸を閉めていた。かぐや姫の話をひどく嫌っていたのも、月に帰ることを思いだしたくないからだった。これまでずっと警戒して暮らしてきた両親。しかし結月が雨戸を開けたことで、ついに月の使者に見つかり、母親は月へとつれ戻されてしまった…。

まさか母親がかぐや姫だったなんて…

おまけ意味こわ

ストーリーの垣根をこえてかくされた「意味こわ」を探してみよう！

おまけ1	朔月糸が訪れたレストラン。意味こわの話に夢中になっている間に、部屋に起こった不可思議な変化4つを探そう（14～15ページと346～347ページ）。
おまけ2	この世には、人間にばけて人間を食べるナニモノカが存在する。40『友人との食事』のほかにも、そのナニモノカが登場するストーリーは、どれだろう。
おまけ3	49『モデル体型』でナオミに帽子を渡したおばあさん。黒いロープをまとったこの怪しいおばあさんは、ほかのストーリーにも登場するようだが…どこに？
おまけ4	34『不審人物』で住人女性を殺害した犯人。この犯人がこれより以前、住人女性の居場所をつきとめようとして、投稿したSNSがある…。どれだろう。
おまけ5	人を食らう妖怪たち。最近ではSNSを使って、人間たちをワナにかけようとしているようだ。妖怪たちが人間を集めるために作った組織は、なんという名前？
おまけ6	世の中にはかくれて殺人を楽しむ？ような恐ろしい集団があるようだ。その集団の代表者が、入会希望者やメンバーに連絡をしている証拠を探してみてほしい…。
おまけ7	38『時間を止めて…』の少女が、読者に復讐の呪いをかけた。【45～56についた血はわたしの恨み。時間を巻き戻して読んでみることね…】読み解こう。
おまけ8	クレベリーから朔月糸に手紙が届いた。【タイトルのおしりをいれてみて。→レ 17 36 2 19 69 わ 46 72 91 の】この暗号文を解いてみてほしい。

⬇ 解説は下へ

かいせつ1 4つの変化…

肖像画のタイの模様が変わった、花びんのバラがしおれた、窓の外に物の怪が近づいた、時間が巻き戻った。奇妙な変化が4つも起こっていたのだ…。

かいせつ2 手料理をエサに…

62『ホームパーティー』も人間にばけたナニモノカの話だった。手料理をエサに、自宅に人間を誘っているようだ…。

3 何者なのか…?

26『変身香水』の有紗や石黒くんが街の片すみで変身香水をもらったのも、黒いローブをまとった怪しいおばあさんだった…。

4 ストーカーの執着

34『不審人物』の被害女性・水川莉里さん。犯人は89『友の捜索』で友人を装い、SNSで彼女の情報を集める投稿をしていた…。

5 大きな鍋実行委員会

90『きのこ狩り』や97『大きな鍋』で妖怪たちは参加費無料のイベントを開催し、人間がやってくるのを待っている…。

6 ミステリー研究会

入会希望者にはテストを行い、考察やミステリー好きな人間を選別。そして合格すると、メールで質問し被害者役に適任な人間を探していた。ナゾの集団に気軽に連絡をするのは危険だ…。78『入会テスト』、86『質問メール』

7 同じ目にあえ…

45～56の小説内にある血のシミを後ろから順に（56～45へ）読むと、「か い だ ん か ら つ き お と す …」となる。けれど安心してほしい、呪いはすでに朔月糸が消し去った。

8 クレベリーの伝言

数字はストーリー番号、タイトルのおしりとは、タイトルの最後の文字のこと。そのとおりにタイトルの最後の文字をひろっていくと「レ ス ト ラ ン ニ ワ ス レ モ ノ」となる。なにを忘れたのだろうか…。

マンガ・イラスト	naoto[1] あざみ[P12〜、p346〜] 石田みあ[2、18、38]
	北見あんず[3] 夏芽もも[4] 青空瑞希[5、40〜42、65]
	雪宮ありさ[6、57、95] 恋仲あお[7、25] 咲奏[8、44、94]
	大月マナ[9、64、98] 魚師[17] ザネリ[19、58、96]
	鈴切ヒジリ[20] 花鳥由佳[21、43] 雲七紅[22〜24、36、66]
	羽島[26、60、97] もちうさぎ[27、39、59]
	夏空兎衣[P146〜] 鈴石和生[37、92] poto[61〜63、99]
	笑夢かぇる[93]
カバーイラスト	ミュシャ
カバーデザイン	棟保雅子
イラスト	あざみ ほなみ彩 夏空兎衣 青空瑞希 大月マナ 咲奏
	石田みあ 雲七紅 恋仲あお 鈴石和生 花鳥由佳
デザイン	大島歌織 佐々木麗奈
DTP	J-9
原案	絢郷水沙 藤澤瑞基 Sytry
編集協力・シナリオ制作	08CREATION

ミラクルきょうふ!
意味(いみ)がわかると怖(こわ)いストーリー ++(インクリメント)

2024年11月20日発行 第1版

編著者	朔月 糸 [さくげついと]
発行者	若松和紀
発行所	株式会社 西東社
	〒113-0034 東京都文京区湯島2-3-13
	https://www.seitosha.co.jp/
	電話 03-5800-3120(代)

※本書に記載のない内容のご質問や著者等の連絡先につきましては、お答えできかねます。

落丁・乱丁本は、小社「営業」宛にご送付ください。送料小社負担にてお取り替えいたします。本書の内容の一部あるいは全部を無断で複製(コピー・データファイル化すること)、転載(ウェブサイト・ブログ等の電子メディアも含む)することは、法律で認められた場合を除き、著作権者及び出版社の権利を侵害することになります。代行業者等の第三者に依頼して本書を電子データ化することも認められておりません。

ISBN 978-4-7916-3376-0